我和爷爷

　　谨以此书献给我的爷爷、奶奶和外婆，虽然我从未说出口，但我永远爱你们。

何瑞修，宇宙间无奇不有，不是你的哲学全能
梦想得到的。

——《哈姆雷特》

目录

序一　记老同事侯良先生

高至喜

湖南省博物馆①原馆长

　　侯弋的新作《马王堆考古手记》由他的父亲侯钟送到我家，托我为其写篇序。我快 90 岁了，除了做一些有关长沙马王堆汉墓发掘报告的书稿校对和图片核对等工作，基本已搁笔。一是年老体衰，二是五六千册书刊都已捐赠出去，很难写文章了。

　　我和侯弋的爷爷侯良先生，早在 1956 年就已相识。那时他从部队转业到湖南省文化局党总支办公室任秘书兼宣传委员，我也从湖南省文物管理委员会文物清理工作队暂借调到湖南省文化局做审干工作。我们常在工间休息时见面，但无深交。

① 现更名为湖南博物院。

1969 年 11 月，侯良先生从湖南省戏剧学校调到湖南省博物馆，1970 年任湖南省博物馆革命委员会副主任。那时候我是湖南省博物馆考古部主任，他就成了我的直接领导。后来我们的宿舍又在同一栋楼同一个单元二楼，我住东头，他住西头。我们成为邻居，交往更密切了。因此，侯弋希望我为此书作序，我欣然应允了。

　　侯良先生兢兢业业，在各方面均能积极带头、做出表率，一生廉洁奉公，艰苦奋斗，是一个模范领导人。他参与的湖南省博物馆组织的防空洞挖掘、马王堆一号墓发掘等工作，就充分体现了这一点。

　　记得在 1971 年春节前，我们一起到北京、西安等地出差。我们在北京冒着严寒，找国务院图博口领导王冶秋汇报情况、请示工作，找各文博单位有关专家交流咨询，真是马不停蹄，他抓得很紧。接着去西安各文博单位参观学习，他为了节省开支，不住招待所，更不住宾馆，而是住在接待单位的临时客店。我们到西安下火车后，我考虑到春节临近，火车票难买，便到售票窗口排队买返程火车票。快轮到我了，本可以买西安到武昌的硬卧票，他为了节省开支坚决不让排队了，而是托接待单位购买返程的火车票，结果只买到目的地为郑州的一张坐票和一张站票。车上十分拥挤，无法走动，我们清早吃了几个油饼，直到晚上 8 点到达洛阳火车站时才从窗口买了盒饭充饥。到达郑州后没有出站，游荡了几个小时，终于挤上了一趟开往武昌的快车，补票站到了武昌，后平安回到了长沙。他的艰苦奋斗精神，由此可见一斑。

关于马王堆汉墓的科普书籍，过去已出版不少，如岳南《西汉亡魂》等。考古学者周世荣、傅举有都有科普著作问世，侯良先生先后写有四本，真可谓蔚为大观。

侯弋此作有三大与众不同之处。

第一，作者依据的主要资料是侯良先生的日记、手稿、内部资料等，这是其他作者所没有的。如本书中关于马王堆女尸解剖、保护的几次专家讨论的生动情景，就很引人入胜。侯良先生是马王堆三座汉墓的发掘者之一和女尸保护研究的领导者之一，其拥有的材料较为准确可靠。

第二，作者是年轻人，今年刚 30 岁，他以青年的视角来看马王堆，别有一番风味。

第三，作者是中国电影艺术研究中心毕业的研究生，已发表许多电影评论文章，所编多部话剧已公演，又从事写作多年，文笔流畅，知识面广，对马王堆汉墓出土文物的源流多有深入浅出的生动介绍。

这是一本兼具趣味性、普及性的科普读物，很值得一读，特向读者推荐。

2021 年 8 月 20 日于长沙万国城①

---

① 2021 年初稿完成后，当时已年近九旬的高至喜爷爷特别提笔为我作序，也是感念与我的爷爷多年同事情谊与革命友谊。高至喜爷爷于 2023 年 4 月不幸因病去世，是文博界一大损失。感谢高至喜爷爷一生对文物考古事业做出的卓越贡献。——侯弋注

序二　中国文博事业接力赛

段晓明

湖南博物院党委书记、院长

我深深地为侯弋的这本书所感动。

湖南省博物馆筹建于 1951 年,1956 年正式对外开放。真正让湖南省博物馆闻名于世的,是 1972 年至 1974 年马王堆一、二、三号墓葬的发掘和出土文物的对外展出。20 世纪八九十年代甚至有"北有兵马俑,南有马王堆"之说。

侯良先生是湖南省博物馆建设、发展,以及马王堆汉墓发掘和出土文物保护、利用的见证者与参与者。他从 1956 年转业到湖南省文化局,直至 2011 年去世,整整 55 个春秋都奉献给了湖南省博物馆。特别是其 1989 年离休后出版的几本关于马王堆的学术专著,对研究、传播"马王堆学"起到了非常重要的作用。

2003 年湖南省博物馆新陈列大楼落成开放，当时博物馆的主要展厅就是"长沙马王堆汉墓出土文物陈列"，而侯良先生成了湖南省博物馆 1 号讲解员。也是从那时开始，湖南省博物馆逐步进入国家先进博物馆行列，环境一年比一年好，观众一年比一年多。发展到现在，湖南博物院已经成为院舍总面积超 11 万平方米的央地共建国家级重点博物馆。在这背后，有无数像侯良先生这样的文博人，他们甘于清贫，乐于奉献，这也是他们一代接着一代"愚公移山"的必然结果。这是我的第一点感动。

我跟侯弋的父亲侯钟很熟悉，曾经也在湖南省文物商店共事，还是住一层楼的对门邻居，所以我常调侃自己是"馆二代"。从某种程度上来说，我是看着侯弋长大的。那么毋庸置疑，侯弋是"馆三代"。侯弋学的是电影专业，做的是编剧、电影评论工作，真没想到他对"马王堆学"如此喜欢，也对马王堆汉墓的情况如此熟悉。

看了这本书，我才明白，这本书折射了他爷爷对他的言传身教，也寄托了他对他爷爷至深的思念，一家三代都全心全意为"马王堆学"的研究和传播贡献自己的力量。我深感其中有基因的继承、家学的延续、文化的传承。这是我的第二点感动。

侯弋的这本书在整理他爷爷的日记、工作笔记、文章和著作的基础上，用轻松的文字、讲故事的方法为读者展现了西汉初年长沙国的瑰丽画面，以及轪侯一家三口的身后世界，将很多晦涩的考古知识和文物知识娓娓道来，让我也受益匪浅。我相信年轻的读者也会喜欢这本书。如果读了侯弋的这本书，再来湖南博物院参观"长沙马王堆汉墓陈列",必将收获一次难忘的文化之旅。可以说,这本书不仅为湖南博物院的展览做了宣传,更是能为湖南博物院和"马王堆学"吸引粉丝,增加流量,特别是能提高湖南博物院和"马王堆学"在"95后"年轻人当中的知名度和关注度。这是我的第三点感动。

斯人已去,精神犹存。过去已去,未来已来。中华优秀文化的代代相传,中国文博人的接力守护,让中华大地熠熠生辉,让中国故事精彩纷呈,更让我们为文化传承感到自信。

自序 我的爷爷

侯弋

到 2021 年夏末，我的爷爷去世整整 10 年了。他刚走不久的时候，我爸就说爷爷有写日记的习惯，而且留下不少手稿，有些东西不知道在哪儿，要我去找找看，整理成书。他说爷爷最喜欢我，只要我去找，他就会显灵，肯定能找到。

没想到，过了 10 年，我才走进爷爷的书房，翻找他留下的痕迹。

爷爷奶奶家在市中心，就是曾经的湖南省文化厅院子。现在这里加了"北院"两个字，说明正牌的文化厅已经另有福地。小时候打车跟司机说省文化厅，大部分人都不知道在哪儿，要说教育街口子上。这一小片区域还是老城区的样子，房子矮矮旧旧的，像是北京胡同、上海弄堂那种氛围，还有很老的小吃店，维持着过去的价格和味道。更少见的是公共澡堂，本来南方就罕有，这条街上的澡堂今时今日居然还在开张。附近也慢慢开始出现几处写字楼、商品房，看来这一片老旧区域迟早也要走向消亡。

而最先开始的，是这个老院子内部的自我消亡。

院子里住的多是离退休人员。老人慢慢地离开是自然，院子也慢慢变了。门口的传达室，倒像是亘古不变的顽石，经过的生面孔都会被询问一嘴。传达室里密密麻麻的信箱，以前是木质的，后来改成了铁皮的。信箱的名字在爷爷去世后变成了奶奶的，直到现在她还每天从信箱里取报纸。

外头的院子是办公区域，一圈铁栏杆像城墙一样，把外面的世界跟里头的住宿区隔开。住宿区里，是很适合离退休人员居住的环境，树林荫翳，走进来心都变得幽静。一到夏天，蝉响不绝。

一楼的有些人家还有自己的小院，种些喜欢的植物。我爷爷奶奶楼下一户，除了有对着家里的小院，也会打理对着外面的一个花园。这个花园常年上着锁，只有一楼的人家有钥匙。它像一座神秘的迷宫。

近几年，为了拓展出更多停车的地方，里里外外的花园逐渐被清空。外面的花园已经被抹平，成了停车位，里面的大树被砍掉了枝叶，只剩下图腾一般的树干，花花草草不复存在，外围的栏杆成了虚设，迟早也要拆除。就这样，花园完成了变身停车场的现代化蜕变。

爷爷奶奶家在二楼，是一种狭长的户型，中间一道走廊，两边交错排列着房间，都有不错的采光。厕所、厨房在一边，对着院子里头。客厅、阳台的窗户对着另一头，那边是一所著名小学的教学楼，中间隔着一长排矮矮的平房。我到现在还不知道，哪里有路通往那一处秘境。屋顶上时常有野猫赖着，我还见过一只猫妄图扑食麻雀。猫也曾经是这个院子里的一大风景，成群结队，生生不息。

走廊的尽头，是爷爷的书房和卧室。

尽管搬过一次家，从街对面奶奶工作的学校的职工楼搬到了这栋楼，但好像两间房子的布局和装修是完全一样的。尤其是爷爷的书房，从我有记忆以来好像就是这个样子。早就传言这片老房子要拆，建新的高楼，我希望到时候，还是装修一间同样的书房出来，让时间在这里永远停止。

成年前，大概有三分之一的时间，我是在这个院子里度过的。小时候寒暑假，爷爷会接我到他家，一待就是一天，等到爸妈下班的时间他再送我回去。初高中时，我更是因为他家离学校不过几百米距离，在这里住了 5 年。我心里清楚它过去的模样，却也无从下手描绘。记忆中就剩下花园里模糊的盛景——无尽的绿荫、蝉鸣，还有四处自由游走的野猫。

小时候我根本不知道爷爷是做什么的。我对这方面天生就不敏感，到现在一些很亲密的朋友，我都没有问过他们的工作，更不用说家庭背景之类的。所以在我眼里，他只是爷爷。我奶奶常说，在我伯伯和爸爸小时候，爷爷因为工作忙碌，从没有带他们去过一次公园。但是我在爷爷奶奶家的那些年，他几乎每天午后都带我出去。他的生活很规律，午饭后 1 点左右开始午睡，到 3 点左右起来。附近的花鸟宠物市场、邮政书局、青少年宫，我们百去不厌。当然，我们也去过湖南省博物馆。不出去的时候，他也会在家陪我捉迷藏、画画。我读初中之后，我和他虽然住在一起，地理关系更为紧密，实际上却开始疏远，经常争吵，互相不理解。到我高中末尾、大学初期，在他生命尽头时，我们的关系又缓和了过来。我忘了是谁问过我：明明小时候跟爷爷很亲，为什么一度水火不容？大概这是很多人成长过程中，一个必经的时期。

为了缓和我跟爷爷的关系，奶奶还出过主意，说我学习上，尤其是文言文、历史这方面，有什么不懂的，可以去问问爷爷。我记得我就问过一次"带月荷锄归"，他耐心解释了这句诗。后来我在写关于他的剧本时，也写了这个桥段，这句诗似乎也很好地代表了他一生的耕耘与坚守。

从我小的时候爷爷就念叨，他只要活到看见我上大学就没有遗憾了。他的确是在我大二开学前去世的。他身体还好的时候，总说要去我的大学校园看看，但未能成行，估计这也算不上什么遗憾。我奶奶念叨最多的，就是她一定要走在我爷爷后面，因为他一个人不能照顾好自己。我爷爷最后一次住院，从 4 月到 8 月进 ICU（重症加强护理病房）之前，都是住双人病房，我奶奶就睡旁边床全程陪护。2021 年扫墓的时候，奶奶说 10 年了，她一次都没有梦见过我爷爷，这大概说明她这辈子对得起我爷爷，他走得没有什么遗憾和牵挂。

但我梦见过两次，第一次是 2018 年 8 月，梦的具体内容我不太记得了。当时我正准备独自去撒哈拉过生日，梦见爷爷后我立马打电话给奶奶，可能爷爷怪我连续两年清明节都没有回去扫墓，那个夏天我特意找时间回了趟长沙看他。第二次就是最近，我忽然梦见回到了爷爷奶奶家，好像我还是高中生的样子，奶奶出门买菜了，我正要去上学，爷爷回来了，问我：成绩怎么样？有把握考上心仪的大学吗？我梦里的回答是差不多可以，但现实中我没有考上我最想去的大学。做完这个梦，我又打电话给奶奶，但也没跟她说是因为梦见了爷爷。

回想我刚考上研究生的时候去扫墓，奶奶说要是爷爷看到我读研究生，肯定是最高兴的。也许是奶奶的这句话激励了我，我开始探寻爷爷的一生。在刚开始读研究生的时候，我研究了他自己写的几本马王堆专著和仅赠给家人朋友的自传，初步了解了他的人生历程和工作成果，也大体了解了我奶奶的人生历程。那代人的一生，如同一部史诗。再到 2021 年，比较仔细地整理了他的手稿、文书之后，又对他多了一点点了解。这是不是有点本末倒置？人活着的时候，对他一知半解；人已经走了 10 年，反倒开始搜罗一切可以触及的细枝末节，妄图离他更近一点。

我在上初高中时，就觉得他是一个对工作过分较真的人。尽管当时他已经退休多年，但他还是没有停下来。他非常重视自己因认真工作而获得的名誉。以前湖南电视台有一个脱口秀节目邀请他做嘉宾，讲了一两句关于他工作的玩笑话，他回来不悦了好一阵子。可能因为他当场脸色就不太好看，这段节目内容我也从未在电视上看到。他很爱用一个长沙方言词语形容这类节目，说这些都是"逗霸"的（意为不正经的调侃）。

我爸曾经跟我提过，爷爷是很喜欢看电影的。这是我从来不知道的事情，就算我参加编导艺考的时候，好像也没听他提及过电影。我只知道他最爱看两个频道——中央电视台 1 台和 13 台。记忆中唯一一次跟爷爷去电影院，是用文化厅发的票，去看《泰坦尼克号》。那时候我太小了，根本不可能看懂这部电影，在影院里上蹿下跳。

他最瞩目的成就是负责马王堆一号墓抢救性发掘，这也是我撰写这本书的重要原因。

在几年前，看了他的自传和几本马王堆专著后，我有了一种对比式的感悟。马王堆汉墓的主人轪侯，在浩瀚的中国历史中完全算不上什么大人物，就算是在他生活的年代，数风流人物可能也很难数到他的头上，更不用说他的夫人辛追。但因为天时、地利等偶然因素，辛追在今天成了一个历史的奇迹，这是她活着的时候绝不可能想到的事情。我的爷爷并不是一个考古学家，他主要从事的是艺术教育、文化系统行政管理工作，他会成为马王堆一号墓发掘的领导者之一，其实也是天时、地利等偶然因素造就的。

相对于考古学家而言，他的身份和主要职能更偏向博物馆学家，他将考古成果系统、科学地展示给大众。亲历者看到的是第一历史，可信的撰书者或正史记录下来的是第二历史，根据这些史料衍生的书籍或野史则为第三历史。第一历史自然只存在于亲历者的脑海里，我通过整理他的手稿，似乎可以离第一历史近一点点，并得以打开马王堆面向大众的窗口。他的那些马王堆专著，也主要有一个科普功效。观众在看了马王堆实物后再去阅读书籍，能对整个马王堆汉墓的价值有一个较为全面、清晰的了解。

通过这次整理他的手稿，我对他一生的工作成果，又有了一些新的想法。马王堆的发掘和后续研究，自然是很令人瞩目的成就。但是我觉得在内部支撑他这些外在研究的，是他在博物馆学方面的探索。到今天，博物馆学在国内仍然是一个比较冷门的学科。但早在 20 世纪 60 年代末调到湖南省博物馆时，他就开始了博物馆学研究；到 80 年代，他已经在给全省乃至全国的文博系统干部讲授博物馆学课程。所以，我也希望在完成这本书后，有机会把他数十年来的博物馆学讲义进行一次梳理、编撰。

他留下了这么多笔记，我要是统统读完，肯定能在这个领域有所建树，但很可惜，我还是成了门外汉。我的专业是电影学，它跟博物馆学似乎共享着一些类似档案学的理论框架，实则天差地别。写这本书，实在有些吃力，还好从我爷爷留下来的丰厚遗产中取上一瓢，就已经足够。

之所以决定写这本书，是因为感觉到了无法抗拒的时机。2021 年是我爷爷去世 10 周年，也是我 30 岁，即将进入人生新阶段的而立之年。同时，2022 年是马王堆汉墓发掘 50 周年。在这个时间节点写这本书，还挺有意义的，而且我在自己的领域也算小有成绩了，能够空出一段时间认真做这件事情。我爷爷在自传里写到过对我未来的期望："他喜欢阅读，爱好音乐，知识面较广，尤其喜爱文学，在初中时就在报刊上发表诗歌，也许这就是他未来的发展方向。"谁承想此语竟然成真，我工作以来差不多每年要在自媒体、报纸上发表100多篇稿子，还有一些关于策划案、剧本的工作。我过上了笔耕不辍的生活，他要知道肯定也很欣慰吧！

当然这本书远远达不到学术专著的水平，但作为科普读物，大概还是可以让人获取一些知识，并较为全面地了解马王堆前世今生的。于我，它则像是一张难答满分的主观题考卷。

湖南省博物馆（今湖南博物院）我从小到大去了成百上千次，甚至为不少朋友讲解过马王堆，但写这本书对我来说，还是像一次从未有过的旅行。我有好多情感的回忆想要讲述，它们在我撰写的过程中一直朝我涌来，不过还是在序言中点到为止比较好。如果未来有机会，希望可以通过电影、戏剧这些方式表达思念。

最后，我想完整抄录一段他的个人回忆录自序，作为本书自序的结尾。我曾在不同的境况下，反复读这一段，得到不同的感悟与力量：

地球上的路，都如九曲回肠一般，真正笔直而平坦者不多。人生的道路亦然，总是曲曲折折、坎坷不平的，一路上总有许多关隘险阻。我们这一代人生活在新旧社会大交替、国家制度大变革的时代，回顾过去，我在这80年的人生路途上，闯过了许多难关。比如有贫困关、饥饿关、战争关、疾病关，以及"文革"浩劫关、老年丧子关等。今天对于这一切我有了一点新的感悟和认识。幼年读《孟子》，我对孟老夫子的一段至理名言，迄今记忆犹新。他说："故天将降大任于是人也，必先苦其心志，劳其筋骨，饿其体肤，空乏其身，行拂乱其所为。所以动心忍性，曾益其所不能。"他讲的是大人物，我想我们这些小人物又何尝不是如此。用辩证唯物主义的观点看，矛盾可以转化，坏事可变成好事。如此说来，过去那些灾难，就好比一册良好的教材，一个难得的课堂，人们经过这里的洗礼，就会逐渐认识到人生的真谛，奠定正确的人生观、世界观，就会磨炼出坚强的意志，然后才能从荆棘丛生的小路上一步一个脚印地走过来，学会老老实实做人，踏踏实实做事。这是我一生的感悟，也是我努力的方向，特以此来启迪勉励我的后人。

第一章

马王堆是什么？

在我读的电影学里，有一个经典的提问，由法国新浪潮之父安德烈·巴赞提出，也是他重要著作的名字——"电影是什么？"这个命题开启了一次极其重要的世界性电影运动。在这本关于马王堆的书的开头，我也想提出一个类似的问题：马王堆是什么？

对我而言，马王堆首先是侯良先生毕生研究的课题，从某种程度上来说，它就是他的一个代表符号。

但从广义来说，马王堆首先是长沙的一个地名，在马王堆发掘的三座汉墓，统称为马王堆汉墓。要是现在在长沙街头，问人马王堆是什么地方，我觉得很多人想到的不是这三座古墓，而是海鲜市场，在这里可以吃到长沙价格最便宜的海鲜。

在新中国成立初期，中国科学院考古研究所副所长夏鼐先生曾率领一批考古人员来长沙进行勘察，根据封土及有关情况，例如土层分布、土中掺杂的文物碎片等，认定长沙东郊马王堆干部疗养院这里东西相连的两个大土冢是汉代墓群。夏鼐先生是中国现代考古学的奠基人之一，20世纪30年代在国内就开始从事考古发掘工作，40年代还曾在埃及开罗博物馆从事研究工作。工作队在长沙工作了三个多月，一共发掘了162座古墓，其中战国和西汉前期墓葬100座，汉代墓葬45座，唐宋墓葬15座，时代不明墓葬2座。我查阅了《夏鼐日记》，其中比较详细地记载了他参与伍家岭等地几处古墓的发掘工作，对于马王堆只是寥寥数句带过，没有详细写下他实地勘察的过程。日后的考古发掘实况，也证明这支团队专业性很强，称得上"新中国第一考古天团"。

侯良先生在他的书中，包括在讲解词里，都提到一点，就是马王堆的地名问题。他在发掘期间借宿在墓坑附近的民房，无意中看见这里的门牌写的地名是马鞍堆。以地形状况来看，东西相连的两个大土冢远远看上去的确如马鞍一般，取名为马鞍堆似乎更为合理。

那马王堆这个名字，又从何而来呢？

"马王"给人的直观感觉，就是一种称谓，像《权力的游戏》里就有马王。长沙的确有过"马王"，而且是好几个。五代时期，马殷割据湖南，被梁太祖朱温封为楚王，定都潭州（今长沙）。侯良先生在书中认为马王堆中的"马王"，与这里曾被传为马殷家族墓葬有关，不过根据康熙时期成书的《湖广总志》，马殷的墓应该位于衡阳上潇水侧马王山。

不是这一个马王也没关系，在他之后还有几个"马王"。马殷死后，他的儿子马希声继位，在位期间未曾称王，死后被追封为衡阳王。在马希声之后继位的是他的弟弟马希范，在位期间就被封为楚王。在马希范之后继位的是他的胞弟马希广，也是在位期间被封为楚王。马希广因遭到兄长马希萼发起的兵变而身亡，马希萼成了新的楚王。接着他的兄弟马希崇又发起新的兵变，自立为楚王。这一系列变乱，史称"众驹争槽"。

南唐政权趁机拿下湖南，"马王"的时代到这里就终结了。没多久南唐被马殷旧部赶走，又引发了新的内乱，直到宋朝建立，把湖南纳入大宋版图。马希萼死在南唐政权中心金陵，马希崇到了后周政权中心开封，死于何时何处没有记载，估计没有回到湖南。而之前几个马家楚王，都有可能是马王堆名称的来源，嘉庆年间《长沙县志》也认为这是马殷家族墓葬。

汉代和五代相距甚远，如果这里从汉代起就有了两个大土家，那么被称为马鞍堆的历史估计会长于马王堆。侯良先生认为此处的正式名称就应该是马鞍堆，马王堆属于民间口语误传或一种俗称。因为五代之后的人，也许并不全然了解这两个土家从汉代就存在。马殷的后人失势，他的墓葬究竟在何处，普通老百姓也不一定会去深究，马氏楚王墓葬所在地也就慢慢变成了传说。我觉得其中还可能有方言的影响因素，"鞍"和"王"在长沙方言里发音的确较为相近。究竟哪个名称出现在前，哪个才应该是正名，可能在今天马王堆汉墓闻名于世后，也变得不再重要。

另外，《太平寰宇记》记载，这里是第一代刘氏长沙王刘发葬程姬、唐姬的墓地，称之为"双女坟"，后也有文献记载这是刘发及其母唐姬的墓。刘发是汉景帝的儿子，他的生母唐姬本是程姬的侍女，汉景帝要临幸程姬时，程姬因为月事不便，由唐姬替代，生下刘发。因为生母地位低微，所以刘发不受汉景帝喜爱。在吴氏长沙国因没有嫡长子而除国后，刘发被分封为长沙王。长沙国地处偏远，相较于长安气候阴冷潮湿，不是分封福地。相传刘发为人极其孝顺，他的两位母亲去世后被葬于长沙，他在坟上立杆挂灯，并从长安带去沙土建筑高台，登高远望灯火，寄托对母亲的思念之情。他筑台之处，就是今天长沙的定王台。这里现在是著名的书市，我读初高中时几乎每个周末都流连于此。未发掘时，此处的传说年代与夏鼐团队鉴定的年代相符。发掘过程中东侧发现一电线杆大小圆洞，四周是似火烧过的土，直上直下，这与传说的立杆挂灯不谋而合，于是大家都认为文献记载应该可信。

长沙变成网红城市之前，湖南省博物馆就已经门庭若市。近几年一到了节假日，门口的队伍一直排到烈士公园门口，浩浩荡荡好不壮观。大多数人到湖南省博物馆，都知道要看马王堆，而在马王堆众多陈列中，人们最想看到的是辛追老太太，但不少人又不敢看她。

为什么大众对于一具千年古尸如此痴迷而惧怕？

惧怕当然很好理解，生者本来就惧怕死亡。不少人在自己的湖南省博物馆游记里都提到，看了辛追后回家发烧、做噩梦，像是遭到了神秘的诅咒，其实也就是惧怕死亡的心理通过生理不适发泄出来。但就算有着根本性的惧怕，大家还是忍不住要去看，这又是一种根本性的痴迷。这正好也可以用前面提到的《电影是什么？》这本书中的电影学理论来解释，即木乃伊情结。安德烈·巴赞的意思是，人类捕捉、保存活动影像的原始动力，跟古埃及人制作木乃伊的心理是一样的，都是妄图借此获得永生。

对于很多人而言，马王堆就是辛追，辛追是整个马王堆的核心。这点也很好理解，每个博物馆都有属于它的镇馆之宝，就像每个城市都有地标性建筑。她在全世界也享有盛誉，毕竟是首次发现的距今 2 000 年的湿尸，后来类似的古尸都被称为"马王堆尸型"，她的珍贵性超脱于一般的器质型文物。

绝大多数文物按照时间顺序陈列。不难发现，同一时期的文物有一定的相似处。例如一个朝代或者某个窑烧制出的瓷器，具有稳定的共同特质。但其中，偶有几件特别精美的作品成为珍品，又会因为各种原因仅存世一件，成为举世瞩目的孤品。

马王堆出土的绝世孤品指的不是辛追遗体，她并不能代表马王堆墓葬的实际价值，甚至和整个西汉文化都没有关系。不是说辛追遗体本身没有价值，她还是有极高的医学研究价值的，只是这个价值和她所处的时代没有太大的关系，无法直接帮助大众了解西汉文化。国内绝大多数以一个墓葬或相关墓葬群为核心的博物馆陈列，都很少见墓主人出场，主要是出土文物，加上墓主人的介绍。墓主人的作用主要在于佐证出土年代，以及让我们通过对他们的社会地位、职务的研究，更好地理解当时的文化。

为什么大众在心里会将辛追视为马王堆的核心？

一方面是大众始终有一种对于永生的幻想。古今中外实在有太多关于永生的传说故事，这种神秘主义色彩赋予她一定的价值。

另一方面，有一种基于中国传统文化的人本主义思想存在。

她是这个墓葬的主人，人们自然会觉得应以她为尊。没有她，又怎么会有这样丰盛的陪葬品呢？她和她的陪葬品本身就是一体的，陪葬品能够保存完好，她本身也能保存完好。她虽然不能直接体现对后世影响颇深的文化价值，但她生前是这些文化的享有者，死后是这些文化的拥有者。

我曾经读过一位日本记者写的关于故宫的书，他提出了一个有趣的角度，就是故宫不止一个，由于历史等各种原因，其实有四个故宫并存。

第一个故宫，自然就是北京的故宫博物院，它是最声名显赫的故宫，除了陈列、收藏的文物有名，其建筑本身就有着极大的文化价值。

第二个故宫，想必很多人也都知道，是台北故宫博物院，这是历史衍生出的"故宫"。

第三个故宫，也并不难猜测，是沈阳故宫。沈阳故宫是清军入关前清太祖努尔哈赤的宫殿，可以算作北京故宫的前身。同时，溥仪在伪满洲国濒临破产的时候，企图从沈阳出逃，最后被苏联拦截，他从故宫带出来的部分文物就这样留在了沈阳博物馆。这个故宫里，不仅有宫殿实物，也有文物，只不过二者是分离开来的。它既是清朝的前世，又是清朝的尾音。

第四个故宫，可能很多人想不到，是在南京。抗战期间，国民党政府转移一大批北京故宫文物到四川，在解放战争期间运送到南京。台北故宫博物院的展品，也是从这一批文物里偷运出去的。因为战事吃紧，仅 3 000 箱被运到台湾地区，12 000 箱留在了南京。后来 10 000 箱回到了北京，2 000 箱留在了南京。

所以从这位日本记者的理解来看，故宫不应该仅仅是北京的实体故宫，由于种种原因，一个故宫分成了四个，都保有故宫的部分精粹。而且故宫这个名字，本身就极具中文的暧昧性："故"是过去的意思，似乎所有属于过去的宫殿都可以称为"故宫"。例如南京的总统府，曾经也是太平天国的天王府，再加上 2 000 箱存放于南京博物院的故宫文物，组合出一种莫名的历史宿命感。

这个角度启发了我，马王堆似乎也不应该只有一个，而是有三个。

第一个马王堆，自然是湖南博物院的马王堆汉墓陈列，这里保存着马王堆的精华部分。它不仅有最值得展览给公众的文物，还有很多发掘、保护的资料档案，以及对马王堆汉墓研究成果的集中展示。从 1972 年到 1974 年，从三座墓中发掘的重要文物，差不多从出土开始，就被安放在这里。而且从 1972 年一号墓发掘工作刚刚完成，就开始了马王堆文物展览，也有半个世纪的历史了。

第二个马王堆，是马王堆疗养院内的马王堆汉墓原址，保留了三号墓发掘的墓坑原貌（一、二号墓发掘后墓坑已回填）。这里是真正意义上的马王堆，可以说是马王堆的本体。可能单单只有一个墓坑，又在离市中心稍远的疗养院中，此处并没有很大的旅游价值。不过我也在这附近遇到游客问我怎么去马王堆，我想他们可能是想到"省博"但导航出错了。

侯良先生最后就住在马王堆疗养院，也是在这里去世的，这种命运的呼应，听起来特别有神秘主义色彩。我去疗养院探望他的时候，才得知这里保留了一个墓坑，就在疗养院大门不远处，外面建了一个房子围起来。我去的时候大门紧闭，门上写着"门票2元"。我趴窗户往里看了一眼，里面和我小时候看到的所有马王堆发掘现场照片一样：一个2 000岁的巨大墓坑静静留在那里。

第三个马王堆，在博物馆的仓库里。从小时候到现在，我印象中博物馆陈列的文物是有变化的。最明显的一个变化就是，两个墓的巨型棺椁原本都会展出，在这个展馆旁边的小楼里，那里曾是最早的展馆，现在已经完全被拆除了。我也问过侯良先生：一号墓出土了辛追遗体，那二号墓、三号墓里她丈夫和儿子的遗体呢？他回答他们都已经是一堆白骨了。我继续追问：那他们现在在哪儿？他说在博物馆的仓库里。

本来博物馆的陈列就是一门科学，不可能把全部文物一股脑儿摆出来，得有一个逻辑。要考虑到文物本身的价值，同一类东西有好几十件，那摆一件就足够了。如果出土时破损过于严重，都没办法修复，还是收起来比较好。现在还有一种"以旧修旧"的理念，在湖南博物院陈列大楼二楼的"湖南人——三湘历史文化陈列"展馆有一件道县玉蟾岩遗址出土的一万多年前的陶釜，是我国迄今所见最早的陶器之一，出土时只剩下一两块碎片，但是被修复成了完整的器皿，而修复的部分没有上色，这是为了展现它的破损程度和它的完整器型。在我的印象中，原本解剖辛追后内脏也展出过，是围绕着她陈列的，后来估计是考虑到观众接受度的问题，都被收起来了。

侯良先生的书中，特别提及了一件没有展出的藏品——出土自三号墓，被称作中国最早的"乌纱帽"。但它并不是真的乌纱帽，只是形态上有所类似，也是一种身份的象征，墓中遣策记载它的正式名称是漆纚纱冠。这也是迄今为止，我国出土最早、保存最好的一顶漆纚纱冠，可想而知它的价值。但也正因为它太过珍贵，又是难以保存的织品，所以在现有的条件下，无法拿出来向公众展览。

博物馆仓库里未被陈列的这一部分文物，属于不会被公众看见的马王堆。它们的价值，也早被各类学者研究透彻，虽然公众看不见它们的实体，但是它们内含的价值，已经体现在公开的研究成果之中。

这三个部分构成了整个马王堆的实体，而文物的价值则是它所折射的文化。对马王堆文物的研究，又延伸出马王堆文化，这是"马王堆学"的精神所在。

马王堆三个墓一共出土了3 000多件文物，涉及的范围非常广阔，包括帛书、帛画、竹简、漆器、陶器、兵器、乐器、丝织品、农畜产品、中草药等。侯良先生在他第一本马王堆著作《神奇的马王堆汉墓》后记中，提到了夏鼐先生的一句话："一个古墓就等于一本古书。"不同门类的文物，就如古书中不同的章节一般，也是我这本书的行文逻辑。这些客观存在的器物，展现出了西汉时期长沙国的社会生产与生活面貌，涉及当时的政治、经济、军事、文化、科学技术、风俗民情等多个方面，甚至在一定程度上反映了当时的自然环境与生态文明。

对于马王堆文物的研究，侯良先生很喜欢用"社会科学与自然科学的大协作"来概括。由于马王堆的出土文物是多元的，分属不同领域，因而不同门类的文物由不同的专业机构、组织来研究。同一类文物也具有不同的研究意义，例如出土的三十多种帛书，内容从历史、哲学到医药、科技无所不有，需要不同的学科单位进行研究、诠释。同一件文物也可以在不同领域呈现不同的价值，例如乐器本身的形态、发声方式由乐器研究所进行研究，而它的制作材料、上色工艺又由木材、化工、动物、植物等研究所进行研究。

我对马王堆出土文物涉及的研究学科做一个基本统计：天文学、气象学、物理学、化学、植物学、动物学、地理学、中医学、中药学、解剖学、组织学、微生物学、寄生虫学、病理学、生物化学、生物物理学、临床医学、考古学、历史学、哲学、文学、文字学、版本学、音韵学、训诂学、民族学、民俗学、美学、农学、艺术学、宗教学、军事学、美术学、舞蹈学、纺织学和烹饪学等。其中部分学科的历史因为马王堆汉墓的发现而被改写。

马王堆出土文物背后的研究工程可想而知有多庞大，其中大部分研究成果过于专业，并不能直接呈现给大众。例如，湖南医学院在解剖辛追遗体后出版的《长沙马王堆一号汉墓古尸研究》一书，就不像是普罗大众会买来阅读的睡前故事书。大众能享有的马王堆文化，还是跟陈列的文物息息相关。

在这些客观存在的文物背后，隐藏着古人的思想。近年来考古学中兴起了一个新的学派，人们称之为认知考古学，也就是通过这些遗留的文明痕迹，去推导古代人的所思所想。比如在马王堆的案例里，它的墓葬形式、陪葬品纹饰和部分陪葬品，在某种程度上就直接展示了当时的信仰系统。尤其是帛书中的《老子》甲、乙本，从内容上就呈现出了信仰归属，还有云气纹的大量使用，也体现出当时人比较相信的创世学说还是道家的"气生万物"。

死亡是一种神秘又充满想象空间的事情。对于古人来说，墓葬成为礼制的一部分，就象征着他们相信死亡不是生命的结束，而是另一段生命旅程的开始。正因这种对死亡的无限想象力，我们才得以看到那么多保存在墓葬中的璀璨文明痕迹。这个"开始"，可以换成一个更方便理解的词——"升仙"。当然，"升仙"思想在中国古代也有一个变化过程，并非一开始就存在。

中国人很喜欢神仙，也渴望成为神仙。我很喜欢倪匡的《卫斯理科幻小说系列》中的一部，它就叫《神仙》。倪匡用了一种戏谑的手法，将神仙的概念偷梁换柱：他在书中写的修炼方式，其实都是外星人故意落在地球的，把使人成仙的宝贝搜集齐全，就可以从人变成外星人，获取一些非人类的超能力，也就是"成仙"。这个情节虽然天马行空，但是至少保留了一点成仙的传统思想，就是成仙得有一套明确的步骤。

西汉事死如生，墓葬系统也是一套步骤，让生者帮助死者去往另一种生命形式生活的地方。马王堆里会不会有神仙？从唯物主义的角度来回答，肯定没有。但古人埋葬他们的亲人，已经尽了最后的孝道，他们相信此举可以助力逝者开启新生命。虽然现代人没有这么繁杂的墓葬系统，也不会想着帮助逝去的亲人成仙，但是这种思想还是根植于我们脑中，我们总希望前人可以在冥冥之中庇护自己。写这本书之时，我也有点希望我的爷爷可以保佑它畅销。这是一种很不科学却又无法根除的集体潜意识，但对个人而言，是极有自我安慰价值的精神寄托。

抛开封建迷信思想，我觉得有没有神仙也是马王堆的核心问题，这一点直接决定了马王堆汉墓在中国古代丧葬文化发展过程中处于哪一个位置。从客观角度看，下葬时间、礼制都是可以考证的，但是唯有信仰系统属于主观层面，只能推论，难以得到确切的答案。

当年，马王堆一号汉墓发掘后，经新华社报道，在全世界范围内引起了轰动。据统计，1972年有160多个国家和地区的新闻媒体进行了相关报道。自公开展览以来，它也吸引了无数外籍友人前往参观。其中，我觉得日本人似乎对马王堆格外痴迷，日本境内甚至掀起过"马王堆热"。

1972年正值中日建交，时任日本首相田中角荣访华前，日本媒体透露他想特意到湖南来看一看马王堆。国家文物局考虑到出土文物还在整理和保护之中，不方便直接对外宾开放，在请示国务院同意后，决定把一号墓出土的T形帛画调到北京，挂在故宫博物院的外宾接待室中，待田中角荣参观故宫的休息间隙给他参观，并由时任中国科学院院长的郭沫若亲自讲解。侯良先生当时负责护送T形帛画前往故宫，在行程中意外结识了沈从文先生，这又是后话了。

1974年，日本友好书屋读者代表团来参观，一行人都特别激动，他们说日本用整版报纸报道马王堆帛书的出土，一般只有火灾、地震这样的大新闻才有这种待遇。1990年，马王堆部分文物在日本万国博览会纪念公园展览馆展出，展出时间为168天，参观人次高达40万。

我曾经在东京国立博物馆看到两只漆耳杯，形态、色彩乍一看跟马王堆的漆器十分相似，下面也标注了中国湖南长沙出土，但时代写的是战国。湖南也出土了不少战国时期的漆器，由于语言不通，我也无法弄明白这两件漆器出现在东京的原因。

记得有一次，在湖南省博物馆一楼的洗手间，我无意中听到两个外地游客的对话。其中一个认为马王堆没有什么好看的，不如他们湖北省博物馆的编钟大气。

中国有句老话叫"一方水土养一方人"。不同的地域有不同的特征，在这里生长的人也有不同的性格和生活方式，从而也就有了不同的文化。就拿这位游客对比的湖北省博物馆来说，尽管湖南、湖北都是楚文化的核心地带，但也随着历史进程分化出不同的特点。况且曾侯乙墓和马王堆汉墓时代不同，墓主人的级别也不同，有些直观上的差异很正常。

墓葬文化本身具有一个观看角度的问题，古人建筑烦琐的墓葬空间，并将之封存于地下，这就形成了一套想象中的观看体系。例如在室墓中装饰壁画，这壁画肯定不是给活人看的。不少人在实地考察中发现，室墓中的壁画就处于墓主人目光直视的位置。把"观看"这个理念拓展开来，也就是墓葬中的每个环节、葬品所处的位置，都要为墓主人服务。而墓葬从地下回归地上，进入博物馆之后，原有的观看逻辑被博物馆学的分类打破。

《流动的博物馆》里提到，博物馆的存在可以帮助人们"抗拒时空压缩的迫害"。"抗拒时空压缩的迫害"听起来既有哲理又高级，这句话似乎有点难以理解，但是换成通俗易懂的说法，就是让人们忘记对死亡的恐惧。博物馆本身就是一个打破时空界限的地方，在这里我们所体验的是历史长河诸多片段的拼合。所以，为了更好地体验"抗拒时空压缩的迫害"，我们需要建立一种观看模式。

这本书就是我所构建的马王堆观看模式。从某种角度来说，电影也是一种观看模式，与博物馆的超越时空性有一定契合度。我想将马王堆的陈列，看作一次叙事、一部电影，甚至一趟追忆逝去亲人的旅程。

文物背后蕴藏的文化价值，是很值得细心体会的。一件镇馆之宝也许有着耀眼的奇观效益，能源源不断吸引游客前来一睹风采，但更多的文化价值其实藏在大量烦琐、重复、乏味的展品里。如果你愿意聆听它们的故事，想必也能离历史尘埃之下的马王堆更近一点，从而真正走进尘封的文明之中。

❖ 马王堆外观

第二章

发掘实录

近几年，盗墓题材的小说、电影、电视剧掀起了一股热潮，很多人似乎把地下世界想象得格外精彩，也在一定程度上混淆了考古发掘和盗墓之间的界限。不少人还问过我：侯良先生是不是跟老九门也有关系？但很可惜，就算老九门是真实存在的，那个时期侯良先生还在河南求学，读师范专业，觉得做个老师也许是乱世中的铁饭碗，根本不曾料想日后会跟考古扯上关系，更没有想过后半生会定居湖南。

虽然盗墓题材的故事看似涉及不少中国传统风水知识，但实际上它的架构还是来自西方。这类小说多是西方大航海时代开启后，对于未知新大陆探索的想象，可以说是浪漫化的西方殖民历史。民国时期，西学东渐进程加速，新文化运动兴起，加上好莱坞电影的引入，民国文人、电影人分别在旧派武侠小说、武侠电影里开始了夺宝冒险的想象。

盗墓这件事在中国传统文化里属于大忌，尤其在封建王朝时代，儒家思想主导，盗墓的故事更难上台面。在我印象中跟墓相关的古代传奇还是有几个，例如《太平广记》中南海崔炜误入南越王赵佗的墓中，被婢女（俑）招待。今时今日盗墓题材的故事其实也是作者用巧思，把中国传统文化中零碎的神秘主义元素集中在墓穴这一核心场景中而已。

记得两年前还去一家影视公司聊过盗墓IP（知识产权）改编项目，对方得知我的家庭背景后非常感兴趣，但被我无情地泼了一盆冷水。我告诉他们，真实的考古发掘跟那些盗墓故事完全不一样。最近三星堆的重新发掘过程就在网络上直播，大家多少会对真正的考古发掘有一定的直观了解，而且现在的发掘技术也日新月异，跟侯良先生那个时代的田野考古完全不同。

我在阅读他写下的有关马王堆发掘过程的文字时，第一感受绝不是神秘，而是一种浓郁的时代气息。毕竟马王堆发掘的时代非常特殊，并且本来也没有发掘计划。其中透露着那个时代独有的朝气和坚韧，以及那个时代独有的荒唐。

前文已经提过，20世纪50年代初期，夏鼐先生及其团队就已经确定马王堆这儿是一个汉代墓葬群。1956年7月24日它被发文公布为第一批省级文物保护单位，立下保护标志和说明牌，群众性的文物保护小组也得以成立。但后来因为一些历史的变故，这个保护标志和说明牌不翼而飞，更不会有什么群众性文物保护小组了。

那么在那个特殊的时期，湖南省博物馆在做什么呢？

侯良先生是1969年11月1日在靖县农作的时候收到电报，

被通知立即回长沙。3 日回到长沙后，他被通知去湖南省博物馆接替副馆长丁立亭的工作。4 日他就到了湖南省博物馆，丁馆长交给他一抽屉铜钥匙，交接工作就算完成了。当时湖南省博物馆还剩下 17 人，到 1970 年 6 月调回一部分干部，增至 25 人。

回看他记录的这段在博物馆的工作经历，很多地方似乎都为后来马王堆的发掘埋下伏笔。1970 年上半年，举办了"不忘阶级苦，牢记血泪仇"展览。后来从大同购来的"万人坑""赵劳柱家史"等幻灯片，组成了流动放映组，在长沙和衡阳的中学里义务巡展，一直持续到 1972 年初。这些活动在一定程度上扩大了湖南省博物馆的知名度，并展现了亲和力，所以当马王堆发掘需要帮助的时候，各个学校也积极伸出了援手。

1971 年，湖南省博物馆也在全国战备高潮的影响下开始战备工作。战备指挥部要求在老办公楼东侧挖一个防空洞。因为时间紧迫，所以人员分三班倒，党员在夜间 12 点到早上这一班，白天还有部分住在馆内的年轻人参加，防空洞终于在一个多月的时间里挖成了。这个防空洞对日后的马王堆发掘起到了很大的作用：一是防空洞挖掘过程锻炼了队伍，为后面马王堆的发掘打下基础；二是防空洞因为特殊的内部环境，成了马王堆大批文物的暂时储藏室，在客观上保护了文物，三号墓出土的漆器储藏在这里长达 30 年。

当时博物馆和相邻的烈士公园共用一个西门，陈列馆前的泥沙路年久失修，坑坑洼洼。在进行阶级教育展览的时候，观众一多就不太方便了。侯良先生想办法申请了 10 000 元，把泥沙路改修为沥青路。在修路过程中，有人告诉他路中间有一个战国墓，需要停工。经过几天的挖掘，果然发现了一批文物。而这个墓坑，后来储存了大量马王堆汉墓中的白膏泥（微晶高岭土）。

因为留守博物馆的人很少，担心出现问题，所以侯良先生主动要求所有星期六和其他节假日都由他值班。一到春节，他就挑上一担蜂窝煤，提一口锅，带着全家人去博物馆值班。他的老伴那时笑称"春节来了，我又要陪你去守'庙'了"。

1971 年末，湖南省博物馆还送了一批文物到故宫，参加在故宫内举办的"在文化大革命中出土文物展"，并准备日后出国巡展。侯良先生的同事高至喜先生被借调到北京参与这项工作，因此挖掘马王堆汉墓的请示才以最快的速度递交上去。

回到正题，也是在战备高潮的影响之下，驻在长沙市区的人民解放军 366 医院（今中国人民武装警察部队湖南省总队医院）匆忙迁入马王堆疗养院内。部队进入后，没多久就开始进行战备施工。长沙的地下水位较高，平地较难施工，所以计划在东西相连的两个大土冢内，建病房、药房和地下通道。施工计划是从土冢的东、西、南三方开口，从东、南两角开挖，这样就可以在中心点会合。东边的开口进度比较快，一边挖土一边用砖石加固，但是前进了五六米的时候，忽然顶部塌方，没有办法用砖石加固了，于是工人就用棍子捅了几下，地下突然冒出了莫名的气体。他们认为这个下面应该是空的，就用水去浇灌，强大的气压却能把水冲走。他们再点火，地下居然冒出蓝色的火苗。这听起来还有那么一点盗墓小说的意思。

由于时代的特殊性，当时的人第一感觉是中华人民共和国成立前残留下来的弹药库。但是工兵来探测了半天，没有任何发现，这才打电话给湖南省革命委员会。电话一打，就过了三天。三天之后的星期天，侯良先生在省博物馆传达室值班，接到了湖南省革命委员会文化组的电话，被告知部队在马王堆挖防空洞的时候遇到了奇怪的现象，派人立马去看看。他和当时也在值班的文物修复专家张欣如先生一同骑单车赶到了现场，看到不少人拿着小棍在洞里乱捣，还有人在旁点火抽烟。他们看了，立即认定这是一个火坑墓，就是充满了可燃气体的墓。侯良先生跑到医院门诊部借了一个氧气袋，想要收集气体，日后可以化验。但是因为已经过了三天，里面的气体几乎泄漏完了，所以没有收集成功，这成了整个马王堆汉墓研究中的重大缺憾。

他们先找到了医院行政副院长白明柱，说明了这是保护文物，需要立马停下防空洞的挖掘工作并且封住洞口，贴上告示，等他们请示了上级再处理，以防古墓被进一步破坏。当时管理图书、文物、博物馆的临时组织是国务院图博口，他们经图博口领导王冶秋先生同意，向湖南省革命委员会写了报告。

1972 年 1 月 16 日，马王堆一号墓挖掘工作正式开始。

我们今天看到的马王堆汉墓陈列，主要就来自一号墓，包括辛追遗体。如果回溯当时的发掘情境，可能很多人都难以想象，这么多瑰丽、珍贵的文物是在极端艰难的状况下被发掘和保护的。

首先是经费不足，湖南省革命委员会同意拨发掘经费 12 000

元，但是中间被克扣了一半。经费不足了，自然就不用指望人手会充足。本身在这个特殊时期留守省博物馆的人就不多，再加上没有经费雇请足够的工人，劳动部门更是不准在农村雇工，怕影响农业生产，他们只好在市区找了 20 来个待业青年，但这些人的专业素质又堪忧。主力仍然是博物馆的剩余人员，当时全馆职工有 42 人，除掉老弱、炊事和值班人员，每日能上阵的平均是 30 人，其中年纪最大的超过 50 岁，年纪最小的女讲解员有十七八岁。

没钱请人，也剩不了什么钱买工具，购置了 60 把锄头、50 个胶卷，这差不多算是极限了。还得考虑伙食问题，当时职工的粮食定量是男士 14 千克、女士 13 千克，其实我看到这个数据没太明白，推断其大概是一个人一个月的量。后来博物馆向粮食部门申请补助，参加发掘工作的人可以补 150 克粮、2 角钱。

其次是交通上也有问题。省博物馆离马王堆大概有 6 千米的距离。省博物馆是在烈士公园西门这一边，烈士公园可以被理解为长沙的"中央公园""朝阳公园"，占地面积很大。我在 2003 年搬到了烈士公园东门附近，也就是省博物馆的另一头。此地当时尚属郊区，沙土飞扬，仅有一趟公交车，还是终点站。马王堆离我住的地方，还有差不多 3 千米。可想而知，当时他们要从博物馆去马王堆，路途有多遥远。别指望有车接送，提着工具，连单车都不方便骑行。况且那个时期，又有多少人骑得上单车？

再次就是发掘环境的问题。在医院内部发掘，虽然它是文物保护单位，像是医院里的一个自治区域，但终归是"寄人篱下"。

天晴时大家还能在外野餐，但到了雨天，就只能蹲在屋檐下吃饭，满身泥土的发掘工作者不被允许进入室内。最夸张的是，文物出土后，因为没有应允就地参观，医院立马关上了大门，不让运送文物的车辆离开。有个别阻挠的人，也会有个别热心肠的人，发掘人员出现健康问题，也有医生帮忙照料。

最后还有天气的问题。发掘基本在春天完成，如果你是长沙人，肯定能够明白长沙的春天，几乎就没有晴天。

发掘开始的时候，请了101工程指挥部和湖南机械化施工站帮忙，用推土机推开一号墓上层的封土。封土是填充在墓穴上方的土，其实也就是俗称的"坟头"，规格越大的墓，封土也越大，像秦始皇墓的封土就成了一座山。按《礼记》的说法，有封土的才能称为坟，下面的部分称为墓。推开封土，墓口边沿露出后，再转为人工挖掘。东西相连的这两个土冢封土高约16米，底径约40米，直径约31.5米，可想而知它的制式、规格，以及墓主人身份的尊荣。

推开封土后，墓穴面貌初露。他们鉴定这是一个竖穴土坑墓，属于西汉时期一种常见的墓葬方式。竖穴土坑墓，顾名思义，就是挖出竖直的坑穴，将棺椁放置其中，再摆放陪葬品，然后用土掩埋。但同时，三个盗洞赫然出现，让现场所有的人都心头一紧。

这三个盗洞中，两个方形的属于现代盗洞。其中一个仅开挖了几米就停止了，另一个则有六七米深，还留存一只胶鞋底，被鉴定为1948年左右上海生产。最让人担忧的是剩下的那个古代

❖ 挖掘实况

圆形盗洞，也许那两个现代盗洞相对较浅，都是由于盗墓者看见有"前辈"先到了此处，想必下面不留宝贝，才停下来脚步。这个圆形盗洞从东北角往南延伸，到了墓的东南角急转直下，周壁呈黑褐色，如同烟熏过一般。技工任全生师傅判断这个盗洞应该出现在元代以前。侯良先生非常担心这个盗洞，每天看着发怵，害怕拼命挖掘，最后是一场空。但任师傅要他安心，既然这是一个火坑墓，那就代表里面一定还有东西。

没想到，这个长达17米的盗洞，在距离墓葬本体上填充的白膏泥仅六七十厘米的时候，忽然到头了。无从猜想，这个盗墓者到底为什么决定放弃？可能他觉得挖了太久还没东西，错误判断这是一个疑冢（用来防盗的假墓），所以转身离去。

抛开对盗洞的担忧，挖掘到白膏泥这一层的过程也非常艰辛，毕竟盗洞打了十几米都被放弃了。刚推开封土时还算顺遂，因为工作场面开阔，运土方便。但整个墓穴的外形是漏斗式的，越往下越窄，要把土运出来就需要费些功夫。跳板由一层加到了二层、三层，由于天气常有阴雨，跳板湿滑，泥土也黏腻。人们只好在跳板上绑草绳，再撒炉灰，增加摩擦力。医院四个厨房的灶台炉灰每天都被"扫荡一空"。

春深时，天气变得更难遂人愿。墓坑挖深后，进度也越发迟缓。因为阴雨不断，大家都怕这高耸的土墙引发塌方等安全问题。没有办法改善硬件，只能靠集体的力量。当时工作人员到各个学校请求支援，希望每天能有一所学校派两个班的学生来协助挖掘，由博物馆负责午餐。

❖ 记者在三号墓拍摄挖掘过程

学生每天来到后，在墓穴的四个角上按辐射形状站成8列，组成四条长长的人工输送带，把土从坑里提出来再往外传送。大多数学生也都没有雨具，被淋得七零八落。因为泥土湿黏，在最外层倒土的学生，要直接用手去抠下来，一不注意就会被竹篾刺伤。

这样的场面，侯良先生直到晚年想起，都会感动不已。在此特别列举当时前来支援的学校情况：

4月1日，长沙市第十三中学82人

4月2日，湖南师院美术培训班35人

4月4日，长沙市第五中学94人

4月6日，长沙市第十六中学114人

4月7日，长沙市第十六中学114人

4月8日，长沙市第八中学63人

4月9日，长沙市第七中学96人

4月10日，长沙市第十四中学108人

◆ 科研人员在收集三号墓里的气体

　　除此之外，还有湖南医学院（今中南大学湘雅医学院）、湖南中医学院（今湖南中医药大学）、湖南第一师范学校（今湖南第一师范学院）等3所大专院校和9所中学的1 500人先后参与了挖掘工作。没有这些学校及其学生的支持，马王堆一号墓挖掘工作可能没有办法完成。

　　填土挖完后，出现了前面提到的白膏泥，其学名为微晶高岭土，白中透青，软糯、有黏性，战国至秦汉时期的墓葬中时有所见。这层白膏泥厚达1.3米，往下又出现了包围棺椁的一层木炭，至少有5 000千克，解放牌卡车装走了4车。接着，木炭下露出了26张方方正正的黄色竹席，每个角上都写着"家"字。将席子揭开，一个巨大、完整的棺椁出现了，长6.72米，宽4.88米，高2.8米。

　　这样一个完整如新的椁室出土，当然引发了各界的关注，椁室内的进一步发掘工作，也有了更多援助。在揭开第一、第二层椁板后，发现了四个椁箱，里面摆放了大量漆器、竹笥、木俑、乐器等文物。它们保存得非常完整，而且色泽如新。

出土了这么珍贵的文物，忽然各路人马蜂拥而至。整个墓葬制式是四棺二椁，关于棺椁的问题，会在后面的章节详细解释。在层层剥离后，最底部的内棺出现了。4月28日下午，湖南省革命委员会军代表向侯良先生下了命令：当天晚上7点前，一定要把这个内棺弄出来，运到博物馆去。但是，墓地上堆土高、泥浆深、坡度大，卡车无法接近。于是，长沙汽车电器厂吊装车间的师傅设计了一种特制吊篮，用人工和机械协作的方式，将重达数吨的内棺吊了上来。接着又要人工把内棺抬上卡车，一共30多个人才完成这项壮举。

内棺离开墓穴，象征着发掘工作到了尾声。从1月16日到4月28日，整个马王堆一号墓抢救性发掘正式结束。真的很难想象，他们在经历数月令人身心俱疲的发掘奋战后，看到如此完美、罕见的墓葬文物时的喜悦心情。2 000多年前的人们，在极其简陋的条件下，筑出了这个巨大的墓穴。两千多年后，考古工作人员也在极其艰难的条件下，完成了一次抢救性发掘。我也听过不少人抱怨：辛追好好地埋在地下，没事干吗把她挖出来展览？考古工作中经常有抢救性发掘，像马王堆考古这样无意中打开了古墓，或者一些基建工作中遇到了必须移除的古墓，就需要进行抢救性发掘，而不是无事生非，硬要把墓打开。现在仍有不少已知陵墓除了进行必要的考古发掘，基本维持原状，最著名的莫过于秦始皇骊山陵墓。

内棺刚到博物馆不久，谁也没想到，一批省机关人员纷纷跑

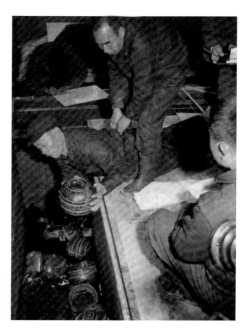

🔹 1972年4月，一号墓挖掘现场，老技工任全生提取文物

来看热闹，并要求立即开棺。这明显不符合田野考古的工作步骤，正常的步骤应当在发掘后先整理和保护，然后撰写发掘报告。专程从北京来帮助发掘的考古专家王㐨先生坚决不同意，但这些"不速之客"下了命令。没有办法，工作人员只好硬着头皮把内棺打开了。一揭开棺盖，映入眼帘的是鲜艳亮丽的丝绸，一碰就会碎。这是因为这些丝绸长年处在封闭空间，接触到空气会迅速氧化。包裹衣物的习俗被称为衣衾制度，属于先秦时期的礼制，有大敛和小敛两种形式，小敛用衣服包裹尸体，大敛是包裹后缚扎。从马王堆一号墓的包裹情况，可以清楚分辨大敛、小敛。从晚上七八点一直忙到凌晨五点，工作人员都没有揭开棺中珍宝的真面目。看热闹的人，可能也没想到看热闹居然也这么辛苦。不仅宝贝没看到，棺内还有一股强烈的酸臭味，在那个人人携带手帕的年代，在场的人都用手帕捂着鼻子，有人说手帕上沾

到的气味三天都没洗干净。

经过专家 6 天细心的剥离，终于露出了一个女性的头部，脸上覆盖着两件长方形丝织物，这也是古代常见的装殓用品。这又引发了新的内部争论，到底古尸算不算要保护的文物？最后还是请示了图博口的王冶秋先生，他回复说："两千年保存完好的古尸，是世界奇迹，尸体和丝绸都要保存好。"

但还没有做好文物的清理和登记工作，省革命委员会政工组就脑袋一热，命令立即布置陈列对外开放，说长沙就 80 万人口，组织好的话半年就能参观完。5 月 22 日，发掘完成还不到 1 个月的时间，发掘出的文物居然就开放参观了。展览现场不仅有本地市民，外地游客也闻风赶来。队伍从博物馆门口一路排到烈士公园西门，跟今时今日的盛景有些相似。当时的门票是事先发放，为了分流，外地游客到旁边的省体育馆传达室领票。每天计划发800 张，最后发到 1 500 张，还是供不应求。

当时博物馆四周还没有围墙，不少观众等到晚上 12 点都不愿意离开，早上天未亮就有人来排队。开始几天人流量高达 1.3万，后来湖南省参观文物领导小组成立了，安排了参观日程，把每天参观人数控制在 4 000 人。但这个时候，博物馆的员工刚刚经历发掘大战，还没休息恢复过来又临接待大战，不少支援发掘的单位也排不上参观的队伍，忍不住在电话里发脾气。当时有人编了一个顺口溜揶揄，"挖了一个死人，害了一批活人，惹了一批好人"。

就在参观人潮汹涌之际，图博口的王冶秋先生在 6 月 2 日突降长沙。他一踏进湖南省博物馆，看到万人涌动的场面，就立马勃然大怒并呵斥："文物保护工作没搞好，怎么能开放展览呢？这是谁决定的？"这场陈列闹剧这才得以平息。王冶秋先生在详细了解发掘过程和文物情况后，回到北京，于6月8日向国务院写了《关于长沙马王堆一号墓情况的汇报》。李先念、纪登奎、华国锋等领导阅后，于11日批示："注意，千万不要把出土文物搞坏。"

　　因病住院的周恩来总理，在17日才看到报告，了解情况后严厉批评："湖南军区挖出，不报告省委，更未报告中央、国务院。后来又人山人海地去参观，还有刮妖风的。出土尸身和衣着、帛文，还有其他文物，非变质不可。请告卜占亚、李振军同志，立即采取办法，将尸身转到冰窖，消毒，防腐，加以化工处理后，仍旧留在湖南省博物馆，这是可以向群众说得通的。非当机立断不可。请值班室打电话去，速办勿延。"①

　　周恩来总理在观看关于马王堆一号墓挖掘的纪录片《考古新发现》时，看到了一号墓旁边的土冢，便跟王冶秋先生说，旁边的那个墓也可以发掘。②

　　1973年9月6日，湖南省革命委员会向国务院上报了《关于发掘马王堆二、三号汉墓的请示报告》。周恩来总理在10月3日批复："此事请王冶秋回京后，协同文化部文物事业管理局、中

---

① 事见侯良编著《西汉文明之光：长沙马王堆汉墓》（湖南人民出版社 2008年版）第 16 页。

② 事见侯良编著《西汉文明之光：长沙马王堆汉墓》（湖南人民出版社 2008年版）第 25 页。

国科学院考古研究所、各地有关科研单位和医学科研及医务人员前往长沙，协助中共湖南省委办理此事，并请文化组派科教电影制片厂、中央新闻纪录电影制片厂和总政派中国人民解放军八一电影制片厂，担任影片摄制工作。务期此次发掘工作，取得比上次更多的成绩和收获。省委李振军同志任组长，王冶秋同志以及中国科学院考古研究所、中国医学科学院、上海科研单位各出一人，连同省委宣传部张兰明同志为副组长，成立小组。订出切实可行而又不造损失破坏的计划，经省委批准后再开始发掘。共20多万元，可以满足其需要，要预置一些设备和化学药品。"[1]

当天上午，王冶秋先生就电话传达了周恩来总理的批示。领导小组成立时，又加入了中国医学科学院院长黄家驷、上海有机化学所研究员王应睐，下设办公室、秘书、宣传、业务、施工、安全保卫、古尸研究等小组。除此之外，还有省内外大批科研、新闻工作者。

先发掘的是三号墓，发掘工作开始于11月19日。发掘人员先用洛阳铲打孔，湖南省气象局监测了不同深度的地温，并在三号墓东侧钻了一个9米深的定点观测孔。和一号墓一样，发掘人员先用推土机推去上层封土，露出墓口后，再进行人工挖掘。三号墓的发掘工作主要由湖南师范学院历史系80多名师生，以及解放军工程兵部队20多人参与，分为三班，日夜施工。

11月23日，发掘人员见到了白膏泥，这时他们已经从墓口

---

[1] 事见侯良编著《西汉文明之光：长沙马王堆汉墓》（湖南人民出版社2008年版）第28页。

向下挖掘了 6.5 米。三号墓发掘过程中，没有出现盗洞。在墓坑的填土里，发现了云纹瓦当和汉文帝时期的四铢半两钱，在靠北壁处，有一个带木柄的铁锸，当时是全国首次发现。另外，还有一个两边有提手的圆形竹筐，都是古代的筑墓工具。墓道左右两侧各有一个空洞，开始还不知道这有什么作用，随后才发现各有一个守墓的偶人。

白膏泥中还夹杂了碧绿的树叶，还有一段青色的竹子和许多小竹片，几乎跟新鲜竹子一样，可见白膏泥的防腐、密封性能之好。但可惜，白膏泥保护了偶然混进其中的树叶，却没有保住内棺中的尸体和衣物，它们依从着自然定律而腐朽。

三号墓的制式是一椁三棺，出土了大量的文物，共 1 000 多件，包括 4 幅帛画，610 支竹简，38 件兵器，6 件乐器，316 件漆器，104 个木俑，50 个竹笥，还有 12 万多字的帛书。

1973 年 12 月 18 日，最大的土冢下的二号墓的挖掘工作开始，到 1974 年 1 月 13 日结束。二号墓的墓坑呈椭圆形，是很少见的一种形状，南北长 11.5 米，东西宽 8.95 米，深 13 米。制式是一椁两棺，在三个墓中是最小的一个。发掘人员在顶部发现了一个大盗坑，里面还遗留了两只唐代敞口浅腹假圈足黄釉瓷碗，说明早在唐代的时候，这个墓就被打开了。在墓的一侧，还有一个现代盗洞，里面有手榴弹。虽然这两个盗洞都挖到了墓坑底部，棺椁却没有被打开。

棺椁未开，可能是因为盗墓贼好不容易挖下来，结果看到棺椁外貌已经严重腐朽，根据经验肯定也就知道里面的东西残破不值钱了；也可能他们技术格外高超，又盗亦有道，打开后再恢复原貌，不惊扰墓主人。墓里的400多件陪葬品大多已破损，就算盗墓贼没有打开过，长沙的酸性土质本身也不利于保护文物。《长沙发掘报告》中就提到，长沙古代墓葬的大部分尸骨、文物都被腐蚀、破坏。我推测一号墓那个盗洞戛然而止，正是由于盗墓者发现二号墓的情况，判定一号墓中的陪葬品也都残破，从而半途而废。

这里我想特别提及一句，侯良先生的某些书稿中写：一号墓有三个盗洞，其中古代盗洞一个、现代盗洞两个；二号墓有两个盗洞，其中古代盗洞一个、现代盗洞一个。其更晚的书稿中写二号墓有多个唐代到近代盗洞。但我查阅的马王堆挖掘考古报告中写：一号墓有两个近代盗洞；二号墓有三个盗洞，其中古代盗洞一个，近代盗洞两个。我不知道盗洞数量的差异是什么导致的，虽然我将侯良先生的书稿作为"信史"参考，但也把矛盾点单列出来。

回到二号墓发掘现场，当时又值冬季，冷风中的挖掘工作者不由得有些失望，本来是被寄予最大希望的一个墓穴，反而什么都没有。

李振军组长来到现场鼓舞士气，也许在墓底的泥浆里会有什么惊奇的发现。果然，大家还真发现了一个了不得的东西。这个东西到底是什么？虽然这不是一本章回体小说，但考虑到每个章节的主题，还是需要"且听下回分解"！

◆ 老技工任全生（伏地者）正在提取文物

第三章

轪侯家族

从二号墓底层的泥浆中找到的重要文物，是刻着"长沙丞相"四个字的官印。

在一号墓的出土文物里，其实已经有不少"轪侯家""轪侯家丞"的字样。直到二号墓出土了这枚官印，考古人员才初步可以验证三个墓主人的身份。毋庸置疑，二号墓的主人就是长沙丞相轪侯本人。也可以确认一号墓的辛追是他的夫人，墓中也出土一枚印章，刻着"妾辛追"。三号墓的主人，据研究人员猜测是利苍和辛追的子嗣之一，因为葬于她的足下。

二号墓里一共找到 3 枚印章：一枚为玉印，顶方形，刻阴文篆体"利苍"，长宽各 2 厘米，应该是墓主人生前携带之物；另两枚都是龟纽鎏金铜印，其中一枚刻阴文篆体"轪侯之印"，另一枚刻阴文篆体"长沙丞相"，两枚长宽都是 2.2 厘米，且都是明器。

其实这听起来有点破除考古的神秘感，原来要确认一个墓的

❖ "轪侯之印"铜印　　　　　　　　❖ "轪侯之印"印面

主人是谁，还是需要这样具体、确切的证据才行，而并非一个神奇的推演过程。

那么，谁是长沙丞相轪侯？

根据出土文物上的"利苍家""轪侯""长沙丞相"等字样，我查阅汉朝正史《史记》《汉书》，发现了对他的简单记载。但史书也没留下什么长篇大论，单说《史记》，大家都知道《史记》里有《本纪》《世家》《列传》等不同的篇目，《本纪》是写帝王的，《世家》写世代沿袭的大家族，《列传》则是有影响力的人物的事迹。轪侯没有独立成章，这代表他在《史记》作者司马迁的眼里，远远算不上那个时期的大人物。

他出现在哪儿呢？ 10 个大事列表之中。《汉书》中也是如此，他出现在列表之中。在浩瀚的中国正史中留下名字和基本的家族历史，已经算是难能可贵了。

先来看《史记·惠景间侯者年表第七》，这一表所写的是从汉惠帝到汉景帝因功封侯的情况。在概述的部分，司马迁写道：

太史公读列封至便侯曰：有以也夫！长沙王者，着令甲，称其忠焉。昔高祖定天下，功臣非同姓疆土而王者八国。至孝惠时，唯独长沙全，禅五世，以无嗣绝，竟无过，为籓守职，信矣。故其泽流枝庶，毋功而侯者数人。及孝惠讫孝景间五十载，追修高祖时遗功臣，及从代来，吴楚之劳，诸侯子若肺腑，外国归义，封者九十有余。咸表始终，当世仁义成功之著者也。

大概意思就是，司马迁读诸侯分封的资料，读到便侯的时候，有了一些感慨。便侯就是第一代长沙王吴芮的儿子之一吴浅，他在孝惠元年被封为便侯，"便"指他的封地，在今天的湖南永兴县。为什么他在看到便侯的时候，会突发感慨呢？因为刘邦在开创汉朝之初，先后分封了八个异姓王，包括长沙王吴芮。八王中最有名的就是韩信了，后面还会提到一位英布。到了惠帝的时候，只剩下长沙王还在，其他都在中央集权的历史进程中被贬或被剿杀了。长沙王的王位传了五世，最后因为没有子嗣而终结。这五世长沙王，没有犯过一点错，尽职尽责地守在长沙国。

简单介绍了吴氏长沙王后，司马迁又想到了从汉惠帝初年到汉景帝末年（大概从公元前194年到公元前141年）被分封的一些王侯。这些人封侯的原因各不相同，有追随刘邦平定天下的功臣，有汉文帝还是代王的时候从封地带来的家臣，有汉景帝时期平息吴、楚战事的功臣，也有诸侯的至亲骨肉，还有归顺的匈奴、南越等非汉朝统治地区的臣子，一共90多个人。《史记》之所以把这些人的名字都列下，是因为他们都是这个时期有仁有义的显著成功人士。

《史记》中关于轪侯家族的记载如下：

> 轪，长沙相，侯，七百户。孝惠二年四月庚子，侯利苍元年。高后三年，侯豨元年。孝文十六年，侯彭祖元年。元封元年，侯秩为东海太守，行过不请，擅发卒兵为卫，当斩，会赦，国除。

"轪"指封地轪县，在今天河南省光山县和罗山县之间。汉朝的轪县属于江夏郡，也就是今天湖北东部、河南南部的一块区域，唐朝取消了这个行政划分。

轪侯的职位是长沙国丞相，有 700 户的分封。孝惠帝二年（公元前 193 年），是利苍封侯的第一年。高后三年（公元前 185 年），是利豨继承侯位的第一年。孝文十六年（公元前 164 年），是利彭祖继承侯位的第一年。

汉武帝元封元年（公元前 110 年），已经是司马迁生活的时期了。当时的轪侯利秩是东海太守，他行军经过某个地方时，没有请示上级就擅自指挥士兵进行护卫，按照律法应当被处斩，但是遇到了大赦，只是被剥夺了封地和封号。我查看了一下元封元年发生的事件，这年汉武帝封禅泰山，改元为元封，这大概是大赦的原因。

从孝惠二年到元封元年（公元前 193 年到公元前 110 年），

轪侯家族存在了83年。

《汉书》与《史记》中的记载没有太大差异，轪侯的家族故事出现在《汉书·高惠高后文功臣表第四》之中：

> 轪侯黎朱苍，以长沙相侯，七百户。二年四月庚子封，八年薨。高后三年，孝侯豨嗣，二十一年薨。孝文十六年，彭祖嗣，二十四年薨。侯扶嗣，元封元年，坐为东海太守行过擅发卒为卫，当斩，会赦，免。玄孙，江夏。六世，元康四年，苍玄孙之子竟陵簪褭汉诏复家。

对比《史记》和《汉书》，最大的出入在人名记载上。但是根据二号墓出土的印章，第一代轪侯应该名为利苍，苍与仓可以通用。另外，《汉书》记载了被剥夺封号、封地后，轪侯家的后续。"玄孙，江夏"大概意为他们的后人回到了江夏郡生活，受了这种罪责的人，应该大多会被发配回原籍。联系后文中的竟陵，可以知道利苍一族是江夏郡竟陵县人，也就是今天的湖北天门市境内。

最后一句，成了整个家族在历史上最后的一抹痕迹。"诏复家"是汉宣帝在元康四年颁发的命令，从汉高后到汉武帝时期，由于各种原因而失去地位的功臣贵族后代，可以恢复祖先的声望。

关于利苍，历史学家马雍先生在1972年9月发表了《轪侯和长沙国丞相——谈长沙马王堆一号汉墓主人身份和墓葬年代的有关问题》一文，非常详细地论述了轪侯家族的历史，并推断三个墓中有一个可能是利苍本人的墓葬。马雍先生写这篇文章之时，仅有一号墓被发掘，从出土文物中"轪侯"的字样就可以做出如此缜密、准确的论述，实在令人钦佩。后来，马雍先生还参与了马王堆帛书的整理工作。

根据他的这篇文章，我们可以比较清晰地了解利苍的生平。利苍有两个身份，一个是官位，一个是分封的侯位。《史记》和《汉书》中都在他被分封的时候就称其为长沙相，可见他是先做了长沙国的丞相，然后才被封了轪侯。按马雍先生的推断，他上任的时间最早可以推算到汉高帝五年（公元前202年），吴芮在这一年受封长沙王。没有长沙王，自然也就没有长沙王丞相。而利苍在孝惠二年受封轪侯，所以他最晚在这一年也做了长沙国丞相。利苍死于汉高后二年（公元前186年），根据《史记》，醴陵侯越在汉高后四年（公元前184年）上任长沙国丞相，这说明利苍是死在丞相任期内。

我们或许可以更为精确地推算利苍上任的时间。根据《史记》和《汉书》中的记载，吴郢（吴程）曾任长沙国柱国，《汉代长沙国考古发现与研究》中称柱国是丞相的前身，这应当是可信的专著，所以采取这种说法。柱国可能是楚国时期遗留下来的官衔称呼，实质为丞相。也有论文认为柱国是另一种官职，与丞相同时存在。

不过《史记》记载吴郢封义陵侯的时间为"九年九月"，《汉书》中则没有这个"九年"，如果有"九年"就意为汉高帝九年

（公元前 198 年），若没有则是汉高帝五年（公元前 202 年）。《史记》和《汉书》都写孝惠四年（公元前 192 年）他的儿子继承爵位，差异在于《汉书》写吴郢"七年薨"。这又是一个难以辨别的写法，到底是在位七年薨逝，还是汉高帝七年薨逝呢？我比较认同在位七年薨逝，如果是汉高帝七年薨逝，就和汉高帝九年封侯冲突了。假使他是汉高帝五年封侯，公元前 200 年他就死了，他的儿子为什么要等到公元前 192 年才继位？

利苍封侯的时间为公元前 193 年，吴郢应该在这之前就已去世，才会空出丞相的职位。所以当取《汉书》说法，吴郢是公元前 202 年被封为义陵侯，在位 7 年也就是公元前 195 年去世。因为没有利苍上任的确切时间记载，所以也无法确定是吴郢死在官职任期内，还是在他去世前已经由利苍担任丞相。在另一篇论文中，我看到吴郢在死前数年被免的说法，但未找到确切的史书来源。

丞相这个职位在诸侯国里，可以说是一人之下、万人之上，是仅次于诸侯王的第二号人物，官僚机构中级别最高的官员。但利苍到底是中央派到长沙王身边的监视者，还是吴芮本身的亲信？我比较赞同前一种推论，因为前一任长沙国丞相姓吴，吴郢去世后可顺理成章派出朝廷的人，监视长沙国的一举一动，巩固中央集权。《史记·五宗世家》中也写"高祖时诸侯皆赋，得自除内史以下，汉独为置丞相"，汉朝初年诸侯国朝廷的丞相一职可以由诸侯王亲信担当，但随着异姓王叛乱频发，为了进一步稳固局势，避免祸乱，诸侯国朝廷的丞相变为由中央委任。

利苍为什么被封侯呢？这总要有一个说头。

按《史记》的说法，刘邦分封137个功臣为侯，这里面就没有利苍，所以他可能没有跟随刘邦打过天下。除了打过仗的功臣，《史记》也记载了几个分封的理由，其中一个就是官位到了一定的高度，可以被赐以特殊的爵位来彰显身份。马雍先生认为利苍可能就是这一类，因而《史记》没有记载他的任何功勋，仅仅有一句"长沙相"。再从他被分封的700户来看，当时分封最多的列侯有10 600户，最低的有500户，他的前任吴郢被封义陵侯都有1 500户，这个700户实在算低了。而汉高后在位期间将列侯进行了排序，共180多人，利苍排在120位，也算是偏后。

我们也可以一定程度上参考大时代发生的事件。

其一，在汉惠帝时期，也就是汉高后实际掌权的这一时期，她为了稳定局势，格外照顾功臣、外戚、刘氏宗亲的利益。所以，她开始追封"高祖时遗功臣"，第一轮追封了19个人，接着追封到了143人。利苍也是在这个时期封侯，所以他还是有可能曾经跟随刘邦打天下的，就算不是从头到尾跟着刘邦队伍，也应当参与了秦末农民起义。

其二，倘若利苍在汉高帝十一年（公元前196年）已经是长沙国丞相，这年长沙国东边的淮南王英布造反。英布是吴芮的女婿，战败后想躲入长沙国内，当时的长沙王大义灭亲剿杀了英布。汉惠帝二年离汉高帝十一年不过三年时间，也许他在平定叛乱中曾为长沙王出谋划策，因而封侯。

根据侯良先生的书中所写，利苍是跟随过刘邦打天下的。这里可以参考《汉书》中对轪侯家族的最后一笔记载，也就是"六世，元康四年苍玄孙之子竟陵簪襄汉诏复家"。元康元年，汉宣帝就开始策划"诏复家"这件事，当时说的是"复高皇帝功臣绛侯周勃等百三十六人家子孙"，诏令的对象是刘邦的功臣子孙，《汉书》中最后记载了 123 例"复家子孙"。在一定程度上，这可以侧面说明利苍是汉高帝刘邦时期的有功之臣。但究竟是什么功，是打天下，还是平定英布叛乱？也不好说。

还有一个佐证，是二号墓中出土的一件错金银铜弩机，其制式和铭文款式经鉴定为秦朝风格，大概制造于秦王政二十三年（公元前 224 年）。这件弩机应该是利苍生前所用，可侧面证明他在秦朝末年就参与了农民起义，并可能因此走入仕途。不过以史书的空缺和他的封侯情况来看，就算利苍参与了秦末起义，也应该没有显著的功勋。

另外一个间接证据，就是《汉书·高惠高后文功臣表第四》记载的刘它一栏："汉六年以砀郡长初从，功比轪侯。"这句的意思是刘它在公元前 201 年，作为砀郡的长官开始追随刘邦，他的功劳跟轪侯差不多。但这还是没有写轪侯到底有什么功劳，通过刘它的生平，可以做一个简单的推测。刘它本姓项，叫项他或项它，是项羽的亲戚兼部下。刘邦的军队攻下彭城后，项他改投刘邦，被赐姓刘。项他在项羽集团中有一定的位置，他改投刘邦导致项羽大后方失守。"功比轪侯"可能意为利苍作为项羽旧部也投向刘邦，而且也许比项他还要早一些。不过马雍先生的论文推翻了这个说法，他证实此处的"轪侯"应当为"戴侯"，完全是另一个人，这是又一出通假闹剧。但还是有一些文章引用了《汉书》的说法，认为利苍就是从项羽集团改投刘邦，毕竟他们同是来自楚地。

结合大时代的状况来看，此时的诸侯王的确有用亲信作为丞相的，例如造反的英布。我在查阅史料的时候，发现了一个重要的地理信息，就是吴芮在项羽麾下时，被封为衡山王。这个衡山不是我们今天的南岳衡山，而是衡山郡，后来在汉武帝时期被改为江夏郡。江夏郡也就是利苍后人"诏复家"后被送回的老家。由此联系起来，利苍很有可能是吴芮被封为衡山王后，在衡山郡加入他军中的。公元前196年底，长沙王吴臣来长安朝拜，并滞留在长安。此时，传来吴郢去世的消息，诸侯王不在，一切要依仗丞相，所以利苍临危受命，成了新一任长沙国丞相。时间线似乎刚好吻合了，但这也只是我的推论。他原本在吴芮麾下，后到了中央，再由中央委派到长沙国，也不无可能。

古代的姓氏，可以作为身份源流的证据。《通志·氏族略》中记载："楚公子分食采于利，后以为氏。"意为楚国公子的封地在利（今四川广元境内），所以用"利"作为氏，利苍应该为楚国贵族后裔。

二号墓主人利苍的身世相对比较清晰明了，我们把一号墓的辛追夫人姑且放在最后一个讨论，现在来看看三号墓的主人。他会是第二代轪侯利豨吗？

"豨"这个名字，看上去非常复杂。它是一个生僻字，反而在人们追溯利氏家族源流的时候，起了一定的佐证作用。这个字意为野猪，就是楚人方言中的小猪。这符合利氏的楚人身份，基本契合《汉书》中其后人回到原籍竟陵的记载，竟陵属于楚地。但是"豨"字在古代通"豨"，这个"豨"字又是多音字，念 xī 的时候与豨同音，意为野猪或者叫猪的声音。念 shǐ 的时候，一是指豨韦——古代传说的帝王名号，二是指古代官名。按照中国人望子成龙的传统，似乎取后一个意思更为恰当。

根据《史记》的记载，在利苍去世后，有人接任长沙国丞相，那么承袭侯位的利豨就不可能是长沙国丞相了。既然不在长沙国内任职，他是不是就应该离开长沙国回到自己的封地？汉文帝二年（公元前 178 年）和汉文帝三年（公元前 177 年）接连颁布了法令，要求没有任官职的列侯回到自己的封地。如果利豨此时在长沙国里没有任何职务，他就应该回到封地。

就算长沙国地处偏远，不受中央诏令影响，或者利豨在长沙国任职了，这个时候轪侯家族还没有离开长沙国，根据《汉书》的记载，中元五年（公元前 145 年），轪侯利彭祖赴长安担任奉常，他们总该离开长沙国了。利彭祖任期持续到后元三年（公元前 141 年），结合"孝文十六年，彭祖嗣，二十四年薨"，可以推断利彭祖死在奉常任期上。

再根据三号墓出土的木牍所写下葬时间，可以确定墓主人葬于汉文帝十二年（公元前 168 年）二月二十四日，而据史书记载可以推算出利豨死于公元前 165 年，二者有一定的年份出入。从史书到实证，大部分专家学者都初步认为三号墓的主人不是利豨，更不会是史书上有名字的轪侯族人。此人应该是利苍和辛追的一个儿子，从嫡长子继承侯位的传统来看，应该是次子，或者排行更小的儿子。有人根据陪葬品中的《驻军图》推测，三号墓主人可能是驻军之一"司马得军"的将领，"司马"是官职，"得"被推测为军队将领的名字，所以三号墓主人应该名为利得。

但1983年参与了马王堆二、三号墓挖掘和帛书整理工作的傅举有先生，在《考古》杂志上发表论文，认为三号墓的主人就是利豨。在《关于长沙马王堆三号汉墓的墓主问题》一文里，他详细列举了一系列出土文物，根据这些文物的制式、墓中遣策的记载，推断墓主应该是第二代轪侯利豨。

例如在棺材的制式方面，汉代初年只有诸侯可以享受三棺的待遇。长沙出土的同一时期的其他诸侯墓葬，包括利苍的墓葬，都是用三棺。再如墓中遣策记载的一些信息，"美人""才人""宦者""家""家丞""家吏"这些身份称谓，需要一定级别的人才能使用。

将墓葬的制式、规格与史书记载相比较，从而推断出墓主人应该也是诸侯身份，这从逻辑上来说也是没有问题的。那么，这里又出现了一个重大的矛盾，就是墓葬年份和史书记载的时间有三年之差。傅举有先生认为，这是《史记》和《汉书》本身记载的错误。

前文其实也列举了史书上的一些错误，例如《汉书》将利苍写成黎朱苍，将利秩写成利扶。这方面的差异可能是笔误或字体变化造成的，而且古文没有标点，断句时也可能造成这样的错误。但《汉书》和《史记》记载的轪侯家族传承时间是一致的，

❖ 一号墓棺椁及随葬物品出土情况

没有出现人名这样的差异，可见《汉书》的记载应该是沿袭了《史记》年表。

那么《史记》本身会不会出错呢？

傅举有先生在文章之中提到另一本书，即清代史学家梁玉绳写的《史记志疑》，这本书指出《史记》的纪年错误多达百处，其中"表"的部分错误最多。傅举有先生还提到中华书局在1959年、1960年分别出版《史记》和《汉书》点校本的时候，也做了一定的勘误工作。其中《史记》"表"的纪年错误有37处，《汉书》"表"的纪年错误有74处。所以傅举有先生认为利豨卒年，很有可能就是《史记》尚未被确认的一处错误。我在查阅《史记》资料时，就发现《高帝本纪》中写高帝十年长沙王吴芮到长安朝见，但是高帝五年吴芮就已经去世了，这肯定是一处笔误。

尽管《史记》《汉书》作为正史，是离历史真相最近的文本，但书是人写的。尤其像《史记》《汉书》这种几乎是由一个作者以一己之力完成的皇皇巨著，更难免出现错误。况且，这两本书的成书年代也较为久远，在流传的过程里，也会出现版本之间的差异。我自己就曾校对过两个时期出版的《演技六讲》（导演郑君里译），两个版本相距不过三五十年，差异就多达上百处，更何况那些流传千年的书籍呢？

另有陈松长先生的论文《马王堆三号墓主的再认识》，认为这三年的空缺，是因为利彭祖服丧三年而没有立马继任侯位。《史记》中只是写他继承轪侯的时间，而没有写利豨去世的具体时间。《汉书》成书于《史记》之后，《史记》的可信度理应更高。

在三号墓出土的《丧服图》，也可以佐证轪侯家族遵循服丧制度。

再从墓葬的具体情况来看，一号墓和三号墓出土陪葬品的制式很相近，其中陪葬的钱币属于同一时代，都是汉文帝时期的四铢半两。根据地层关系来判断，一号墓和三号墓下葬的时间也可能非常相近，都晚于二号墓。而三号墓既然已经被确认是公元前168年下葬，那么根据史书记载推算出的公元前165年是谁的卒年呢？傅举有先生认为，它应该是一号墓辛追的，这似乎也说得通。

这里又有一个新的问题：《史记》和《汉书》记载的轪侯更迭，年份都是紧紧连在一起的，如果利豨一个人被误写了，那么后面几代人继承侯位的时间以及卒年都是错的，司马迁真的会粗心成这样吗？当然死亡时间、下葬时间和继任时间是可以有一定年份差的，也不是上一任列侯去世，嫡子自动继承侯位，而是需要先由中央派官员吊唁，视察丧葬过程是否僭越，再确立嗣子，并且等丧事完成后，才能正式继承侯位。三号墓出土的木牍有"主藏郎中""主藏君"字样，这也许就是中央或长沙王派来主持葬礼的臣子。再结合古人的服丧制度，所以记载时间的误差是可以合理解释的。

也有学者从另一个角度提出疑问，二号墓主人已经被确认是第一代轪侯利苍，那么利豨作为嫡长子是第二代轪侯，从礼制角度来说两任轪侯不可能比邻而葬，在实地考古发掘中没有这样的先例。我认为这并不难解释，可能利苍与辛追只有这一个儿子。解剖结果表明辛追没有生产过多次，最为宠爱的独子早逝，与父母（辛追此时虽未去世，但必然已经确定要与利苍异穴合葬）同葬一处，于情是可以理解的。

侯良先生的书中，写一号墓下葬时间大致在后元元年（公元前163年），墓主人去世的年纪约莫50岁。这个推断的去世时间跟史书记载的利豨去世时间也很相近，再结合利彭祖的生平来看，如果辛追比自己的儿子利豨晚逝，那么利彭祖在任奉常前往长安之前，可能很长一段时间居住在长沙。因而这又延伸出新的问题，如果轪侯家族还住在长沙，三号墓主人不是利豨，那他的墓葬又会在何处？而且如果他不是利豨，就代表辛追去世前两个儿子接连早逝，这不只是白发人送黑发人的悲惨，甚至有点太凑巧。

从三号墓主人的骨骸可以推断，他死时很年轻，可能三四十岁。陪葬品中有兵器架与38件兵器，还有长沙国的《驻军图》《车马仪仗图》、12万字帛书，这可以证明三号墓主人生前是一个文武兼备的人。至于他为什么早逝，史书和现代医学都无法给我们一个确切的答案。

现在湖南博物院在解说陈列时，将三号墓主人认定为利豨。至于未来，是否会有新的发现来确认这个说法或推翻这个说法，那就只有等待了。

终于到了重中之重的辛追。在一号墓里除了印章"妾辛追"，没有任何跟她的身份、生平有关的记载，她确切的生卒年月也无从知晓。"辛追"二字看上去像姓名，但从古代传统来说，印章上不会刻女性的姓氏，辛追只是她的名字，具体姓氏不详，也无从考证。近几年，对于印章上的字，也有了新的讨论。魏宜辉、张传官与萧毅三位老师合写的《马王堆一号汉墓所谓"妾辛追"印辨正》一文，认为印上的字应该是"避"一个字，而非"辛追"两个字。

也有一种说法认为，出土漆器上所写的"君幸食""君幸酒"字样当中的"君幸"是她的名字，"君幸食""君幸酒"意为君幸的食器、君幸的酒器，所以她名为辛君幸。另有佐证是汉朝人多用"幸"字取名。不过现在人们倾向于把漆器上的字样解读为"请您吃""请您喝酒"，代替主人的寒暄之词。

不论她的名字是"避"，还是"君幸"，或者是别的，"辛追"已经成了约定俗成的说法。要想彻底更改过来，恐怕要费极大的功夫。

尽管辛追没有生平事迹流传下来，但是在她的遗体出土后，关于她的离奇故事可是满天飞，也就是上一章中周总理批示里所写的"刮妖风"。像是有人参观后说

❦ "君幸食"小漆盘

辛追会笑，其实是因为尸体腹内腐败产生气体，将她的舌头冲出口外，乍一看好像是有笑容。慢慢地，"辛追的笑容"演变成了一个离奇的故事。又说郭沫若来到长沙，辛追坐起来跟郭沫若说话，她说的话博物馆里所有人都听不懂，只有郭沫若听得懂。辛追请郭沫若吃了陪葬品里的水果，郭沫若当场写了一首诗。

侯良先生的书中提到，他当时到全国各地去，到处都有辛追的故事在流传，开始是零零碎碎的，后来不断拼接，最后竟然成了一个完整的版本，甚至有人以《郭沫若答日本记者问》为题将传说整理成文并加以印发。它大致说的是：辛追本名彩娥，原本是汉文帝时期的宫女。汉文帝在位期间，天下太平，他却久久没有子嗣。一日宫中设宴，汉文帝对彩娥一见倾心。后来彩娥也有了身孕，害怕皇后加害，汉文帝给了彩娥一个锦囊，以备不时之需。果然皇后虎视眈眈，也宣称自己怀孕了，在彩娥生产后，意图杀人夺子。被派去杀彩娥的太监心生怜意，偷偷把彩娥送出宫。出宫后她被一个卖豆腐的人救了，嫁给他为妻。多年后，汉文帝驾崩，汉景帝继位，彩娥拿出锦囊与儿子相认。但她不愿意回到宫中，汉景帝封卖豆腐的为七百户侯，让彩娥后半生衣食无忧。去世后，她被施以当时最好的防腐技术。

这个故事，听起来过于像天方夜谭。有基本历史知识的人都知道，汉文帝的皇后姓窦，是汉高后之后又一位位高权重的女性，一直到汉武帝初期都还有极大的影响力。她生了两子一女，其中就有汉景帝。汉景帝出生于公元前 188 年，而汉文帝继位是在公元前 180 年。汉文帝都还没当皇帝，怎么就会有皇嗣的问题呢？但可能因为辛追的生平是空白，不少人都把故事当了真。我的一个北京长大来湖南读书的朋友曾对我言之凿凿：辛追就是汉景帝生母。

除了市井流传的辛追故事，慢慢也出现了正式的书写版本。20 世纪 70 年代就有了花鼓戏《彩娥恨》，可惜这个剧目流传不够广，知名度也不够高，侯良先生在书中一笔带过，我也查不到、问不到更具体的故事资料。

21 世纪的第一个十年，出现了两部辛追题材的电视剧，一部是 2004 年的《大汉巾帼》，一部是 2007年的《辛追传奇》，它们都是偏演义性质的历史新编。《大汉巾帼》由蒋勤勤主演，讲述辛追被父亲托付给利苍，又

❀ "君幸酒"云纹漆耳杯

有青梅竹马符申相随，不知怎么还被刘邦看上，因而遭到刘邦的爱慕者南施的妒忌，南施设计害死了利苍及其儿子。《辛追传奇》由长沙人左小青主演，但其实辛追也不一定是长沙人，这个故事更为"玛丽苏"（泛指文学中的主角过于完美）。辛追成了韩信、刘邦等人争相抢夺的女子，而她心中只有韩信一人。

近几年，还有长沙歌舞剧院的《梦圆马王堆》，以及舞台实景剧《大汉伊人》、京剧《辛追》等作品。京剧《辛追》是较新的一个作品，主要以辛追个人成长为主线，分为三个阶段：第一阶段是少女时与利苍相遇，第二阶段是战乱中重逢相恋，第三阶段是在利苍去世后送子参军。虽然剧中辛追的人生历程也是凭空虚构的，但相对来说比较严肃，没有与不相干的当世豪杰强硬关联。最近还推出了动态展演《一念·辛追梦》，讲述她忍痛让儿子从军的故事。

辛追在史书上根本没有留下一个字，就连轪侯家族的寥寥数语，都是难以成篇的。但是结合秦末汉初的情境，反而能演绎出一幕又一幕乱世佳人大戏，不得不说她的确是马王堆的第一巨星。

第四章

长沙往事

通常电影名字里带有"往事"二字的，这部电影要么是一部恢宏巨制、史诗巨片，像赛尔乔·莱昂内著名的三部曲《美国往事》《西部往事》《革命往事》；要么是自我内心挖掘的情感秘事，像侯孝贤的《童年往事》。我这里说的长沙往事，当然不是长沙城，而是长沙国。历朝历代，有过不少长沙国，这和古代的政权形式有关，我们这里讨论的还是汉代郡国制里的长沙国。

马王堆汉墓是一个家族墓葬。用电影行业的专业名词来说，在浩瀚的历史中，它是一个zoom in（拉近）的细节。在上一章中已经写过，轪侯家族在《史记》《汉书》里均只有寥寥数笔，这一家族的成员远非历史上的大人物。历史其实有一种很重要的构成方式，它是由伟大的人物所做的伟大事件构成的，这些大人物、大事件成为历史的画皮。虽然我们知道，历史是真实存在过的事情的总称，但是历史的细节往往被忽视，难以追寻。

比如提及汉代，大多数人所想到的人物、事件都集中在西汉初年，最多到西汉末年王莽篡权和东汉光武帝中兴。西汉和东汉一共有了 29 个皇帝，这 405 年的时间当中有多少风流人物？但随便让个人试着列举几个汉代的大人物，可能都比不上他所知道的《三国演义》里的大人物多。《三国演义》脱胎自《三国志》，是经过改写的历史，更有故事性，每个人物不是史书里扁平的模样，所以容易被记住。这种情况也不是汉代才发生，历朝历代所经的时间都比我们所认知的更长久，但是被记住的往往只有留下故事的寥寥数人。

《三国演义》里的故事不全是史实，毕竟是小说，但也在一定程度上给了大众历史的细节，有些部分甚至可以称为合理的推断。作为个案的墓葬，则在另一种维度上提供了全然真实的历史细节，借墓葬我们走近的是历史上某个人的私人生活。但我们把这个特写镜头，从马王堆的三个墓 zoom out（拉远）到整个时代，会发现还有很多正在发生的事情，这些事情不应该被忽略。因为墓葬里的家族，也是这个时代的一分子，正是这个时代造就了他们的生活，他们生前的兴衰荣辱与死后的墓葬呈现有着最为直接的联系。

汉代初年，虽然说是休养生息，但在国家内部也发生了很多事情。政权建立之初，最为重要的就是进一步巩固中央集权。刘邦在公元前 202 年称帝，执政时间并不长，没几年就驾崩了，但肃清了不少功臣，还立下"白马之盟"，昭告天下不姓刘的人不能封王，进一步巩固了中央集权。当然，刘邦铲除异姓王，其实也是为了解决自己种下的祸根。

刘邦政治集团有一个明确的发展路径，随着集团规模的扩大，内部结构也必然需要调整。最初刘邦算是"绿林好汉"，他们一开始是"群盗"集团，不需要什么章法。他们慢慢进入义帝楚怀王麾下，成为楚国集团的一员。推翻秦朝后，刘邦被封为汉王，再到自己称帝，真正开创汉朝。内部结构变化最重要的标志就是分封。接受他人分封，就是臣子；自己分封他人，就是君主了。

秦朝建立后改用郡县制，这一时期又回到郡国制，说起来有一些逆行倒施的感觉，破坏了中央集权，因为郡国制承认了地方割据势力。秦始皇好不容易结束了春秋战国割据的局面，为什么要改回来呢？主要还是秦末起义期间，需要用这个方式团结一切可以团结的力量，统一天下和推翻一个政权还是不太一样的。秦始皇能统一，是秦国本身国力强大，足以吞并天下。而推翻秦朝，需要多方势力组合成一股强力。新政权还未稳定的时候，也需要收买人心，比如项羽在执政期间就已经分封了 18 人。同样，为了跟项羽政权继续斗争，刘邦也要分封，尤其是从项羽处改投来的部下。建立汉朝后，刘邦除了逐步翦除异姓王，避免割据局面重演，还学习秦始皇的政策把六国贵族后裔数十万人迁徙到关中地区，严密监视。刘邦在统治后期，又分封了 11 人。汉惠帝和汉高后在统治期间分封了 11 人，汉文帝和汉景帝在文景之治期间更是先后分封了 67 人。分封的人数变多，也就意味着每个人拥有的权力变少。

刘邦驾崩后，虽然明面上有皇帝，其实汉高后是实际的执政者，无论她治国功过如何，朝堂局势肯定更为混乱。汉高后离世后，文景之治开启，从此时到汉武帝时期，国家内部才算比较平静。外部的祸患，南有南越国，北有匈奴，倒是没有消失过。

从建立王朝到平息内部这一段时期，也基本跟利苍、辛追、利豨生活的时间重合。远到长安朝堂的变故，近到长沙国内的变化，这些事情是否对他们的人生轨迹、家族命途有影响？这是本章要讨论的重点。

表4-1　汉朝、长沙国与轪侯关系表

年代	汉朝	长沙国	轪侯
公元前 202 年	高帝　五年	文王吴芮	
公元前 201 年	高帝　六年	成王吴臣	
公元前 193 年	惠帝　二年	哀王吴回	利苍（第一代）
公元前 186 年	高后　二年	共王吴右	
公元前 185 年	高后　三年		利豨（第二代）
公元前 178 年	文帝　前元二年	靖王吴著	
公元前 164 年	文帝　前元十六年		利彭祖（第三代）
公元前 157 年	文帝　后元七年	吴氏长沙国除	
公元前 155 年	景帝　前元二年	定王刘发	
公元前 140 年	武帝　建元元年		利秩（第四代）
公元前 128 年	武帝　元朔元年	戴王刘墉	
公元前 110 年	武帝　元封元年		因罪免除

长沙国在汉代初年是一个奇妙的存在，公元前 202 年刘邦称帝，正式建立西汉王朝后，立马下诏封吴芮为长沙王，因为他"诛暴秦，有大功"。这个分封的原因就相当有趣，吴芮之于刘邦

的大功在哪里呢？提及刘邦的开国功臣时，大家最容易想到的是韩信、张良、萧何，再远一点就到鸿门宴上的樊哙了，可是偏偏最先被分封的不是这些人，而是"有大功"的吴芮。吴芮也并非一开始就在刘邦麾下，他原本是秦朝的番县县令，甚至可能在秦朝前，也就是楚国时期，吴芮就是当地比较有声望的人了，或许已经为官。他被称为番君，按春秋战国时期的"君"来看，这是一个相当高尚的称谓。秦朝推行的是郡县制，县是比郡低一级的行政单位，按秦制要满万户的县才能设县令，可见吴芮这个官并不算小。秦末农民起义后，他也是最早积极响应起义的官吏，加入了项羽战队，因为功勋卓著，被封为衡山王，连同他的女婿英布也被封为九江王，重要部下梅鋗被封十万户侯。这里的十万户是一种虚封，最多也就封一万户，但只有听起来很威风，才能彰显功劳之高。后来经人游说，吴芮改投了刘邦。

虽然吴芮看上去好像战功赫赫，其实史书并没有直接描写他到底有什么样的战功。项羽和刘邦分封他的原因肯定也不是战功，至少最主要的原因不是战功，而是他的"人气"，甚至秦始皇封他做番县县令也是如此。在秦朝时，他就深得人心，受到百姓的拥护。再加上他活跃的区域在今江西一带，属于南方，秦汉时期政治、经济、文化的重地都在北方，南方相对没有那么重要，而且更南处还有一些尚未真正纳入疆土的部分。吴芮被封的长沙国疆域，就有一大部分是虚封，没有归顺汉中央。所以有吴芮这样一个人在，就能够不费兵卒地稳定南方地区，为什么不给他厚禄呢？再来，吴芮是英布、梅鋗的上司，分封他也自可安定这两个猛将。长沙国本身就不是什么兵力强健的福地，随时面临南越国的骚扰，封给一个异姓王，名义上可以彰显皇帝的恩宠，实际上又不增加叛乱的风险，何乐而不为？这种政治作秀成本很低，给那些功臣吃了定心丸，明面上逐个按功行赏，实际上是等着清算。

可经历楚国、秦始皇、项羽、刘邦四个时期而屹立不倒的吴芮，定然也不是等闲之辈。他肯定相当有政治才能，懂得治理之道，所以可保一方平安，受到百姓爱戴。更重要的是，他没有政治野心，不论是哪一个帝王，都不会视他为威胁。如果用好听的说法，就是他始终遵循正义、王道，谁是有仁德之心的帝王，他就忠于谁。

有趣的是，《史记》中没有写"吴芮世家"，他明明是一个重要的人物，却只在别人的传记里有些零散的描述。《汉书》倒是有所记载，但由于年代相距甚远，只有短短一篇。我们也许可以理解为：司马迁并不认同吴芮的政治情商，觉得这个人没有太多书写的价值，没有什么出众的故事。除了吴芮及其嫡长子一支世袭长沙王，他的三子吴浅被封为便侯，四子吴阳被封为沅陵侯，可见吴芮在汉朝初年的影响力足以造福下一代。从这里可以看到除了次子，吴芮的其他子嗣都被分封，有资料显示第一任长沙国丞相吴郢就是其次子，不过我没有找到更为明确的史料，说不定吴家老二是个女儿。

长沙国的建立时间，在《汉书》中有两个说法，我写这本书查阅资料时，真是越看越深感"尽信书不如无书"，同一本书内居然会出现相互矛盾的历史描述。《汉书·异姓诸侯王年表》中说汉高帝四年（公元前203年）九月初置长沙国，《汉书·地理志》又说是高帝五年（公元前202年）为国。不过可以这样理解，公元前203年刘邦已经设立了长沙国，这一年10月吴芮就已经到了长沙国等待任命，公元前202年2月正式被分封为长沙王，有了行政领导，长沙国才算是正式成立。但在公元前202年，吴芮就因病薨逝，史书写"六月薨"，大部分人认为是6月份去世，但也有人解读为在位6个月后去世。

吴芮与利苍家族的直接关系如何，史书没有写到，他作为长沙王的时间极短，且当时的丞相是吴郢。但是他确立了长沙国的基本政治风向和治理模式，这是吴氏作为异姓王能延续的根本。遥远的朝堂之争，似乎从来都与南方的长沙国没有直接干系。在平息了汉高帝时期长沙国最大的危机，也就是诛杀了想要躲入长沙国的英布后，长沙王吴臣奔赴长安。他在长安期间，丞相（柱国）吴郢去世，长安需要有一个新的丞相。他甚至还可能亲历了刘邦驾崩、刘盈（汉惠帝）登基。利苍继任后，历经吴臣、吴回和吴右三代长沙王，而三号墓的主人利苍的儿子在吴右、吴著两代长沙王当政时期为官，并且掌握兵权，从这里可以侧面推测两个家族还算是彼此信任的。三号墓出土的木牍也记载，安葬之时吴著赠礼。所以第三代轪侯利彭祖远调长安，有学者认为是在割裂长沙国本土的贵族势力，属于明升暗降。

中央到底对轪侯家族有什么样的看法？如果对利氏家族史书中4位轪侯的官职变动进行分析，或许可以得到更为确切的答案。

第一代利苍为长沙国丞相，他在担任丞相期间封侯，可见中央是满意的。第二代利狶官职不明，不论三号墓主人是谁，都可以说明利苍的儿子掌握兵权，有人认为他在越之后担任过长沙国丞相。第三代利彭祖远调长安任奉常，从地方到了中央，单看这个调令像是升职，但需要参考时代背景。这一年是公元前145年，也是很值得探讨的一年，因为曾受"七国之乱"的侵害，汉景帝致力于打击诸侯王权限，在这年推行了一系列新的法令，进一步遏制诸侯王。利彭祖调离长沙国的时候，长沙王已经不是吴氏，而是汉景帝的那个不受宠的儿子刘发。《史记》称他"无宠"，所以分封"卑湿贫国"长沙国。相比这位新到任的首位刘氏长沙王，轪侯在长沙国已经耕耘半个多世纪，其家族势力盘根错节。也许汉景帝这时候把利彭祖拉到中央，瓦解轪侯家族盘踞长沙国的势力的根本原因，是担心他们壮大这个"无宠"的儿子的实力，甚至鼓动他起兵造反。但结合最后一任轪侯的官职来看，似乎答案又不太一样。

利秩位居东海太守，东海指东海郡，在今天山东省东南部（包括临沂市和枣庄市）、江苏省北部区域（下邳至灌南一线以北区域）。"七国之乱"爆发的原因之一，就是汉景帝采用晁错"削藩"的提议，包括把东海郡从楚国领域割出来，引发了诸侯王不满。从这个时候开始，东海郡变为归中央直接统治，太守成了中央任命的最高行政长官。从秦朝开始，东海郡区域就是一个很重要的地方，因地理位置而成为稳固王朝东部地区统治的关隘。这个区域的经济、文化发展也比较好，人口较多，有诸多汉朝考古发现。汉武帝时期的著名谏臣汲黯就曾做过东海太守，他和汉武帝的关系有点类似唐太宗和魏征。因为汲黯直言进谏惹怒了汉武帝，汉武帝先把他外放去做县令，他觉得做县令是耻辱就告病辞官。汉武帝听说后，立马把他召回中央，但又被他惹怒，把他外放做了东海太守。不过一年时间，汲黯就把东海郡治理得极好，汉武帝听说后又将他召回中央任主爵都尉，位列九卿。

汉武帝第二次外放汲黯，选择了东海郡，由此可以看出东海太守是一个较为体面的职位，虽然是被贬降职，但并不算丢人。据记载汲黯担任东海太守的时间应当是建元四年（公元前137年）左右。结合轪侯的历史来看，差不多同一时间利秩继任侯位。史书并没有明确记载利秩何时做了东海太守，在汲黯和利秩中间尚未找到另一位东海太守名讳，所以很有可能从汲黯被召回中央开始，直到元封元年（公元前110年），这20多年间利秩一直是东海太守。把他放在这样一个位置上，而且一放就是20多年，可见中央对他还是颇为信任的，但最后出于中央集权的需要，对盘踞一地多年的官员必须找借口制裁，以免其割据一方。

从四代轪侯官位的流变，可以看出中央总体上是信任这个家族的。可是天子毕竟是天子，君心是最难测的。就算天子信任他们的能力和忠心，委以重任，但是这一切都有期限。他们就算没有任何不忠的表现或者明显的过错，天子觉得时间到了，他们就会遭到"欲加之罪"，被剥夺一切，甚至连子孙的前途都被斩断。

利苍从何而来，因何封侯，什么时候做了丞相？为什么选他做丞相？这些问题可以有一百种合理的推论，但不管怎样，从公元前 193 年开始，他就是轪侯，已经是长沙国丞相，这是史书确定的事情。从公元前 193 年到辛追下葬时的公元前 163 年左右，这 30 年间长沙国到底有多少风云变幻？

公元前 193 年，朝廷发生了一件有趣的事情。汉高后想要鸩杀齐王刘肥，但是刘盈与刘肥兄弟情深，差点喝下给刘肥准备的毒酒，刘肥有所警惕便借醉遁逃。可见汉高后用分封来安抚、收买人心的同时，依然要精准打击异己，整体的局势还是相对险恶。在这一年，仅存的开国功臣之一萧何也去世了，他临终告诉汉惠帝，曹参可以接任丞相之职。汉高后相当信任萧何，他曾帮助她诛杀韩信，又力保汉惠帝太子之位。萧何之子没有嫡长子，按理说应该就此废除酂侯职位，汉高后居然封了萧何的夫人为酂侯，又把萧何次子封为筑阳侯。第二年，匈奴领袖冒顿单于写了一封侮辱汉高后的书信，她却以和亲换取和平。从这三件事可以很明晰地看出汉高后的治国策略，她很清楚什么可以做，什么不可以做，最终目的是巩固汉王朝的统治或者说她的血脉地位。

虽然汉高后有自己的事情要忙，但这不代表她就会因此对吴氏长沙国掉以轻心。公元前 195 年刘邦驾崩的时候，第二代长沙王吴臣可能就在长安，巧的是公元前 194 年吴臣薨逝了。当然没有直接证据证明吴臣死在长安还是长沙国内，但是时间的确很近。无独有偶，他死于汉惠帝元年（公元前 194 年），他的儿子第三代长沙王吴回死于汉高后元年（公元前 187 年），而第四代长沙王吴右死于汉文帝前元元年（公元前 179 年）。最后一代吴氏长沙王吴著，在《史记》和《汉书》中都有记载，他是死在来长安朝拜皇帝的时候,而且他没有后代,所以吴氏长沙王的世袭就此终结。他死的这年是汉文帝后元七年(公元前157年),文帝也在这一年驾崩。

算上吴芮在刘邦开创汉朝当年去世,可以说五代吴氏长沙王都刚好死在皇权交接的时刻,这不由得让人产生阴谋论,这是不是中央授权下刻意而为之的事情?前四代长沙王在位时间短暂,吴著却做了22年长沙王,可能他需要感谢汉文帝长命,哪怕汉文帝也没活到50岁。

我们还可以继续阴谋论,利苍死于公元前186年,也就是第四代长沙王吴右继位当年。吴臣作为长沙王的任期与吴郢作为丞相的任期几乎吻合,吴回与利苍这对君臣也是如此,其中的情况似乎就有点微妙。作为王国的一把手和二把手,两任诸侯王和丞相都在相近的时间死亡。

除了吴芮嫡长子一支,便侯吴浅一支的侯位传了四代。汉武帝元鼎五年(公元前112年),汉武帝酎金夺爵,以诸侯王捐献用来祭祀的金子分量不足或质量不好为借口,削去了他们的爵位,实则是为了巩固中央集权。便侯的侯位也就是在这个背景下被废除的。沅陵侯的侯位从吴阳开始传了三代,后来也因为没有嫡长子而废除。利苍之前义陵侯的侯位从吴郢开始,传到第三代因为无嫡长子而免除。接替利苍的长沙国丞相之位的醴陵侯越,在汉文帝前元四年就因获罪而免除了侯位,《史记》并未记载他的罪责是什么。看来不仅是长沙王,连最初分封的侯位,以及长沙国丞相一职,都是凶险万分。

这当然只是一种放肆的阴谋论，但正如《神探夏洛克》中麦考夫·福尔摩斯的扮演者在福尔摩斯纪录片里所说，人们需要阴谋论，阴谋论让他们觉得世界尽管混乱，也暗藏着某种秩序，这能让人感到心安。

沿着阴谋论往下走，就出现一个问题，到底是什么原因让汉王朝中心死死盯着吴氏长沙王？不姓刘自然是一个决定性因素，可是中央早就想铲除不姓刘的异姓王，为何又非要留下这么一脉？想想也觉得吴氏长沙王做得如履薄冰。我认为汉王朝可能是在等待吴氏长沙王自己露出马脚，可是等了这么多年，还是没有等到。贾谊曾经去长沙国考察，回来就分析了，异姓王之乱是"强者先反"，长沙王之所以不参与，是因为"力不足以行逆"，意思就是长沙国各方面都太弱了，要有实力肯定也会造反。所以这样看，后来贾谊成为长沙太傅，也是作为中央的眼线。包括接替利苍的丞相之位的越，也曾跟随刘邦与项羽作战。

这里可以插一句题外话，太傅和丞相作为诸侯国内部重要的高级官职，到底有什么样的区别？从职能上来看，太傅是善导、辅佐、监督诸侯王，而丞相是统众官、总纲纪、辅王。服务对象也有区别，太傅主要向上监视诸侯王，而丞相是向下统领百官，太傅的职权等级更高，丞相的职权范围更大。

我查到两篇马王堆汉墓发掘后不久完成的论文，它们以一种阶级论的角度分析了马王堆汉墓体现的儒法斗争，极具时代特征，也帮助我找到了吴氏长沙王可能有造反之心的蛛丝马迹，可以分为经济、文化、政治三个方面。

经济方面，主要体现在使用的货币制式上。货币是中央集权的一个重要部分，是中央政府需要死死抓在手里的。从马王堆出土的陪葬品来看，其中就有楚国常见货币（后面章节会讲到）。结合其他长沙国汉墓出土的铁半两推测，当时长沙国内不仅保留楚国货币制度，还可能私铸钱币。

文化方面，体现为以儒家思想治理长沙国。汉武帝"独尊儒术"之前，汉承秦制是以法家思想为主，也信奉黄老之道，所以用儒家思想治国也与中央不一致。这一推论主要来自两个间接证据：一是出土的帛书中有儒家经典；二是《史记》和《汉书》都记载，汉惠帝时期长沙国的太傅为孔襄，只从其姓孔就可以看得出他身份尊贵，是孔子的后人，其族兄在秦始皇焚书坑儒时把儒家经典藏在墙壁里。不过凭他姓孔就认为他推行儒道还是有些武断，何况孔襄还是中央委派来的，"尝为孝惠帝博士，迁为长沙太守（太傅）"。从这个角度来看，汉中央并不排斥、打压儒家思想。后面的章节将详细介绍马王堆汉墓出土的帛书，其中更是汇集诸子百家思想。

政治方面也来自推论，而非实证。虽然英布叛乱的时候长沙王大义灭亲，但是英布也可能跟长沙王暗中勾结，不然不会选择长沙国作为自己的后路，只是长沙王"识时务者为俊杰"，看到英布兵败如山倒，选择临时倒戈。在吴氏长沙王已经断绝子嗣后，刘濞发起"七国之乱"，看似已经跟吴氏长沙王毫无干系，但是吴臣曾经跟刘邦推荐过刘濞当吴王，《史记》也记载刘濞鼓动过没有子嗣的最后一任长沙王吴著一同谋反，可见吴氏长沙王与他交往密切。

另外，马王堆出土的帛书使用张楚年号，张楚政权就是陈胜起义后建立的一个短暂政权。公然使用不同的年号，听起来就很像谋反了。但我觉得这不能作为证据，使用什么年号跟帛书书写时间相关，而且刘邦为了汉王朝的合法性其实是承认张楚政权的，毕竟陈胜是一个偶像式人物，扮演他的精神继承人有利于自身。

上述两篇论文总结吴氏长沙王"克己"，是为了"复礼"。"礼"就是周礼，从吴芮开始，长沙王还是向往儒家倡导的理想社会形态，并以儒家思想作为长沙国的实际统治方针，也就是对汉中央的统治阳奉阴违。如同我反复强调的，我们不可能彻底知晓历史的真相，历史的本来面目必然是复杂的，并且有所隐藏。在吴氏长沙国遗世独立的安逸中，有着难以捉摸的暗流与杀机。

长沙王除了要处理长沙国和朝廷之间的关系，更为直接的威胁在南边——南越国，也就是虚封给长沙王的地盘。秦朝，将领任嚣南下征伐，打下南海郡、桂林郡、象郡三地，被封为南海郡守。岭南局势刚刚稳定，陈胜、吴广起义搅得中原大乱，任嚣忽然病重，将郡守之位传给了手下赵佗。是不是也有一点时机巧合？赵佗趁乱割据岭南，在公元前204年正式称王。当然，刘邦建立汉朝后，并不承认赵佗所建的南越国的合法性，先是名义上把南海郡、桂林郡、象郡封给长沙王，后又在公元前196年派出使者陆贾游说赵佗。大概是考虑到经济发展需要与汉朝进行贸易往来，南越国也成了汉朝名义上的藩属国。

在很长一段时期内，南越国与汉朝是相安无事的。直到公元前183年，汉高后忽然下令封锁南越国和汉朝的贸易往来，尤其是铁器。当时南越国的铁器贸易全靠中原市场。不仅实行经济封锁，她还扣押了南越国的使者，并且在第二年挖了赵佗祖坟，杀了他的亲眷。赵佗听闻后，直接称帝，意为独立于汉朝，至此南越国和长沙国边界也就没了宁日。

公元前181年，赵佗正式出兵攻打长沙国。汉高后派出大将周灶讨伐。由于水土不服和地势险要，汉军久久难以攻入南越国，双方僵持了一年，直到次年汉高后去世。这间接宣告了这次讨伐失败。为什么汉高后要突然如此？统治者的最终目的肯定是巩固中央集权。汉高后挑起事端，在一定程度上可以转移中央的矛盾，现代政治中也常见这样的手段。即使臣子看上去忠心耿耿，也得找点事做，别在朝堂有内患的时候消停下来。汉高后要是真的收复南越国，也可以建立自身的威信。所以这场仗打得又长又苦，到汉高后死了才作罢。

汉文帝即位后，立马采取措施，修补汉朝和南越国的关系，又派出陆贾前去游说赵佗。赵佗接受了议和的原因很简单，因为是汉朝主动来讲和，所以他是高姿态的一方，并且南越国的贸易的确需要中原。赵佗有一个很实际的考虑，就是这个时候他也60岁出头了，按古人寿命来看年纪也不小了，他不知道自己能抗衡多久，也许身后的计划还未安排好，他需要争取时间。

赵佗的年纪其实是一个谜团。根据正史的记载，南越国存在了93年，历经五代南越王，但赵佗一个人就在位67年，死的时候超过100岁。有学者怀疑，其实赵佗早就死了，但因为他是南越国立足之根本，所以秘不发表，只要他名义上还在世，就能保持跟汉室的局势。前文提过的南越王墓，墓主就是第二代南越王——赵佗的孙子。有趣的是，《史记》和《汉书》都记载他名为赵胡，出土的金印上却写的是赵眜。如前所述，《史记》是会出错的，这到底是司马迁的又一笔误，还是赵眜就是赵佗与赵胡之间隐藏起来的一代南越王？赵佗的生卒年之谜，只有找到他的陵墓后才能解答了。

长沙国与南越国的兵戎相见已然是利苍过世之后，而以利狶或利得去世的年岁和时间倒推，这个时候他不过十几岁，很有可能他年纪轻轻就上了战场，保卫长沙国边界。以史书的记载来看，他去世的时候，西汉和南越国关系归于平稳，死在战场上的可能性不是很大。

另外，南越王墓和马王堆墓的下葬时间相隔差不多40年，两个墓葬的不同之处还是挺多的。这一时期北方贵族普遍用崖墓，即在山崖开凿横向墓穴；南方贵族普遍用椁墓，即土坑竖穴。南越王墓乍一看是个石室墓，石室墓是东汉时期才登上历史舞台的，我一度也很诧异，难道南越王在墓穴设计上"弯道超车"200年？根据研究来推测，南越王墓是想效仿北方贵族的崖墓，但广东地区没有这个地理条件，所以硬造了一个崖墓制式出来，最终看起来与石室墓相似。此墓中有活人陪葬，陪葬品里也多有金石玉器，从富裕程度上来讲还是超过马王堆墓的，毕竟人家是割据一方的小国帝王。并且南越王有一套丝缕玉衣，身上还贴着玉璧。这明显体现了其和马王堆墓葬不同的信仰系统，区别于马王堆墓葬的楚文化色彩。汉代的建筑要保存到今天，并且不经过一点修缮，几乎是不可能的。但是南越王墓地宫保存了两千年，非常珍稀。

在湖南境内，也发掘了不少长沙王王室墓葬，尤其是在长沙市内。根据发掘情况判断，吴氏长沙王的陵墓多位于湘江西岸咸嘉湖一带，刘氏长沙王的陵墓多位于浏阳河西岸长沙火车站、杨家山和湘江东岸伍家岭一带。目前已发掘的重要的吴氏长沙王王室墓葬有：象鼻嘴一号墓，但此墓年代模糊，大致于文景之治时期，正是吴氏长沙王时期与刘氏长沙王时期的交界，再加上保存情况较差，没有明确的文物指示墓主人身份，有专家认为可能是第二代长沙王吴臣或第三代长沙王吴回的墓葬；望城坡"渔阳"王后墓，专家推测墓主人应该是吴氏长沙国的某一任王后，她可能是中央嫁来的公主，封地在渔阳，也就是今天的天津蓟州区域；在沅陵县城关镇发掘了沅陵侯吴阳墓，但也有专家认为这是吴阳夫人墓。至于最为重要的第一代长沙王吴芮的墓葬，其所在地点至今众说纷纭，尚未发现。

史书写吴芮被封为长沙王之后，一大政绩就是修建了王宫，但因为他在位时间短暂，有学者认为他是在前人基础上进行了修缮。据考证，他的王宫在今天长沙市五一广场附近，这里就是最繁华热闹的市中心地区。可见，从先秦时期开始这一区域就是长沙的中心地带，居然两千年来都是如此。可惜1988年长沙市文物工作队在此区域进行考古工作时，因为地下水位过高以及探方壁崩塌，只挖掘到魏晋时期堆积层。《水经注》里还有一个和吴芮有关的传说：西晋时期有老者遇到一个年轻人，说他长得跟长沙王吴芮非常相似。这个年轻人很讶异，他说自己就是吴芮的后裔，但吴芮明明去世了400年，老者是怎么看出来的？这位老者说当年东吴要修孙坚庙，为了取木材就打开了吴芮的墓，他参与了掘墓工作。打开棺材的时候，人们发现吴芮竟然面容不朽，如活人一般。参照辛追遗体的保存状态，这个故事似乎并非全无可信之处，可以间接说明古代已经发现保存程度类似的尸型。

今天这一区域与汉朝初年最为息息相关的，就是太平街贾谊故居。不过我们今天看到的贾谊故居，肯定不是汉朝的建筑，这里数千年来几经修缮，早就成了祭拜贾谊的祠堂，与真正意义上保留建筑物、生活用品的故居毫无关系。文夕大火使老长沙毁于一旦，原来的建筑也荡然无存。唯院内一口古井，也许是贾谊居住此地时开凿的。

经过对"长沙往事"的挖掘，我得到的不是答案，而是越来越多的疑问。我无法百分百确认这些推理出来的细节。历史的真相似乎始终躲在一层迷雾之中，让人无法触摸，想要走近，却更为模糊。但这层迷雾是那样诱人，千百年来多少人渴望看透，又不小心深陷其中。

当然，这是故事的历史。历史的另一种真相，就是我们眼见的文物。我们在观看文物的时候是去历史化的，它们展示了一幅生活艺术画卷。认识文物，其实也是摸索文明的必经之路，通过这条路似乎也能接近历史。我们无法得知人类有没有未来，但至少能够透过文物回望历史。

第五章

地下宮殿

在中国传统文化里，"死"是一件很大的事，甚至可能比"生"还要重要。因为一个人活着的时间，不过区区数十年，死后的时间有成百上千年，自然更要好好照料死后的生活。因而王侯将相往往会把自己的陵墓修得格外宏伟，设计特别的制式、规格，就是为了在死后依然享有生前的荣华富贵。

　　典型之一就是秦始皇的陵墓，它不仅有一座山那样大规模的封土，还有数量庞大的兵马俑，助他征服地下世界。我去过一些较为现代的陵墓博物馆，例如广州的南越王博物院、西安的汉景帝阳陵博物院、扬州的汉广陵王墓博物馆，它们大都是半陈列半实地，直接建在陵墓原址之上（广陵王墓是整体搬迁复原），一方面可以直接进行挖掘、研究工作，另一方面观众也可以获得沉浸式体验。不过，现在想起来才觉得真是凑巧，这几个都是汉代的陵墓。

　　汉代陵墓是考古工作中一个很重要的课题，因为墓葬形式从西汉到东汉实现了椁墓到室墓的转变。可以说在汉代以前，墓葬的主要目的是遮掩尸体和陪葬品，把它们埋在地下。但是从汉代开始，墓葬有一个明显的改变趋势：要通过墓葬完成某种仪式，使得逝去的生命去往另一个空间继续生活。从椁墓到室墓的变化，不仅反映出礼制系统的发展和完善，也代表了信仰系统的发展和变化，墓的功能从埋葬器物变为一个可叙事的空间。

土坑墓葬是由封土、墓道、墓坑和墓室四部分组成。以马王堆汉墓为例，一号墓（辛追墓）正北方有斜坡式长墓道。从墓口向下有四层台阶，再下则是斗形坑壁，直达墓底。第一层台阶长 16.8 米，东西宽 15.42 米；第二层台阶长 14.64 米，宽 12.8 米；第三层长 12.54 米，宽 10.45 米；第四层台阶长 10.34 米，东西 8.45 米。每层台阶高约为 1~1.5 米，台阶墙壁与每层夹角为 105° 至 108°，在汉代和战国墓中经常发现这样的台阶，有的可以多达十多层。有一种说法是，这样的台阶可以加固坑壁，防止雨水侵蚀，另一种说法认为这是身份的象征，台阶越多墓主人越尊贵，比较符合楚墓的特征。墓底长 7.6 米，宽 6.7 米，深 16 米，自墓顶至椁室深达 20 米。墓道尽头几乎到达木椁顶，以及木椁周围先填木炭，再填白膏泥，填土用"五花土"夯筑等做法。木炭厚 0.4~0.5 米，总重量约达 5 000 千克，分布在木炭层外的白膏泥，厚 1~1.3 米，粘性甚强，渗透性极低，对于密封起决定性作用。一号墓的白膏泥堆积既厚又匀，封固严密，使深埋地下 10 多米的椁室形成高标准的恒温、恒湿、缺氧、无菌环境，基本排除物理、化学、生物等因素对各种物质的损毁作用，故墓内的葬具一椁四棺、墓主尸体及随葬器物都完好地保存下来。

　　二号墓（利苍墓）规模略小，墓坑较浅，墓壁只有 3 层台阶。墓口距离一号墓墓口最近距离约为 23 米。墓坑为带斜坡墓道的竖穴，南北朝向。封土堆上部为不规则椭圆形，南北长 11.5 米，东西宽 8.95 米。近底部 3 米处为长方形的墓室，长约 7.25 米，宽 5.95 米。因白膏泥堆积较薄，分布不匀，密封程度不好，墓内的保存情况较差。二号墓室内部正中为椁室，椁室外填满白膏泥和黄膏泥。由于经过盗掘，棺椁上层已经腐烂，无法辨别情况，仅底板保存完好，一共 4 层，可推断其为一椁三棺或二椁二棺结构。一号墓和二号墓东西并列，朝正北方向，两个墓道中心点连接线是正东西向，封土堆几乎一样大，所以可以确定这是不同穴的夫妻合葬墓，男西女东也符合古代"尊右"的礼制。

　　马王堆汉墓墓坑目前仅保留了三号墓（利苍、辛追之子墓）墓坑。三号墓规模略小，墓坑较浅，墓壁只有 3 层台阶。墓口上方的原属于三号墓的封土堆仅剩余 2 米多，为五花土。墓坑为带墓道的长方形竖穴，方向为南北方向，深约 17.7 米。墓口南北长约 16.3 米，东西宽约 15.45 米。墓口以下有 3 层台阶，每层内收1 米左右，下方为斗型坑壁，直达墓底。墓底长 5.8 米，宽 5.05米。墓道位于墓坑北端中部，坡度为 19°，靠近墓口一侧建有两座跪姿陶偶人，有残损。墓底和椁室周围填充有木炭，木炭上方有白膏泥。木炭厚 15~30 厘米。青色膏泥一般厚 60~70 厘米，个别地方薄至 10 厘米。膏泥层以上是夯筑紧密的填土，土质为网纹红土，上部较纯，下部混合有青灰色的膏泥，总厚度 6.1 米。

棺椁保存完整，结构与一号墓大体相同，但规模较小。在椁室中央的棺室里放三层棺，比一号墓少了一层。

三座墓的修造程序大致是这样的：先在原本的山丘上挖出墓坑的下半部，然后以板筑的方式，夯筑出上半部以及台阶和墓道。板筑是我国古代修建墙体的一种常见技术，是在筑土墙的时候，把土夹在两块木板中间，用杵捣坚实，这样就成了墙体。夯筑第一块板后，可以拆模上下左右平移，直到筑成计划的长度和高度，在新石器时代的遗址中就发现这样的技术。三号墓中，东壁横着打入了 3 排呈"品"字形排列的木桩，应该是用于板筑时增强墓壁的牢固程度。

下葬时，人们先在墓坑底部铺上一层白膏泥和木炭，再把椁室所用木材运送下来，拼成完整的椁室。棺椁的四周也围绕着万斤木炭和 1 米多厚的白膏泥，之后再填土夯实。填一层土夯一道，每一夯层为四五十厘米，一直填到墓口。墓口上再堆土，稍微夯打，使其成为封土堆。一号墓比较特别，坑口上还加了 20 厘米厚的白膏泥。

三号墓的填土中还有两件古代劳动工具，一是完整的木柄铁刃锸，一是残破的竹筐，它们都是起土、运土的工具。锸类似今天的锹，在汉代是很常见的劳动工具，全长 139.5 厘米，约合汉代的 6 尺，重约 3 斤。铁刃呈凹字形，被鉴定为铸铁，锸柄和锸身是用一块化香树料制成的。表面上刻了一个"五"字，大概是工具的编号，说明这个工具属于轪侯家，而不是归劳动者所有。竹筐半边残破，但看得出大致形状。据推算完整时口径约 43 厘米，由楠竹青篾制作，边沿有对称的两个绞篾提手。

墓坑填土中可见层层夯窝，直径约 5.5 厘米。在二号墓填土中，有锤出夯窝的夯锤，用铁铸造的，形如圆筒，口大底小，底部直径也是 5.5 厘米，原来的木柄已经朽坏。坑壁板筑后，也有捶打的痕迹，用来捶打的应该是较小的圆木棒。

前面也讲过，马王堆三个墓葬有各自的制式、规格。一号墓最大，是一椁四棺。二号墓是一椁三棺或二椁二棺。而三号墓合乎当时常规的诸侯礼制，是一椁三棺。一号墓在侯良先生的书和我后续查看的论文里，都被介绍为两椁四棺，但二号墓和三号墓有一点争议，有的论文中写二号墓是二椁二棺或一椁三棺，三号墓是二椁三棺。侯良先生作为挖掘过程的亲历者，亲眼见证三个墓的棺椁出土，理应不会在数量上犯错误。有这样的差异存在，也许是因为侯良先生所写是实际保存下来的棺椁数量，而论文将已经破坏的棺椁算在其中。

为什么会有三种制式、规格？我猜测是这样：二号墓是利苍墓，他作为第一代轪侯，又死得比较早，去世的时候正值汉朝初年国家休养生息之际，丧葬需要从简，所以其墓的制式、规格最小。到了三号墓下葬的时候，整个社会发展状况比较好了，可以采用合乎礼制的丧葬制式、规格。

可为什么其中一号墓的制式、规格最大？也许是因为辛追没有官衔的限制，她的丧葬制式、规格可以完完全全彰显轪侯家族的财富。其实到文景之治时期，整个国家还是倡导勤俭节约，汉文帝的节约是出了名的。辛追墓葬如此奢华，也难怪百姓传说她是皇帝之母。我后来看到一种似乎合情合理的谬论，有人说辛追其实是长沙王吴芮的女儿，这么说虽然时间线对得上，但并没有更多实际的证据。

汉景帝时期法令规定，诸侯死了，丧葬用的工人不能超过300人，但看马王堆汉墓的工程量，估计是远远超过这个标准的。

那到底什么是棺椁呢？

很多词语在古代，往往是要拆开理解的。例如朋友，朋是同学，友是同志。再如花卉，花是花朵，卉是草。但是今天，这些词语一个含义，不再拆开理解。棺椁也是如此，棺和椁在古代是不一样的东西。棺指放尸体的内棺，而椁是外面的椁室，用来放陪葬品，也可以被理解为一个微缩的宫殿、府邸。

棺和椁合起来，就成了一种墓葬制式、规格，同时反映了中国传统的丧葬礼制。先有棺，后有椁。《说文解字》将棺解释为"关也，所以掩尸"，其就是遮掩尸体的东西；将椁解释为"葬有木郭也"，"木"指制造材料多是木头，"郭"则是一个比喻，说明它的用处。"周于棺，如成之有郭也"，意思是棺材被围绕着，就像城有城墙一样。从中国的造字方式来看，椁是一个标准的形声字，并且除了这个意思，再无别的含义。椁的出现可以追踪到公元前5000年到公元前3000年的仰韶文化，成熟的椁室出现在公元前2000年的龙山文化，一般都是由木材组成，少数有砖、石结构。从棺到椁，体现的是丧葬礼制的发展，也在一定程度上代表了生产力的飞跃发展以及文明的进程，同时反映了阶级的分化。礼制中虽然不乏封建腐朽的元素，却也无意中帮助后世保存了不少文明的痕迹，其中包括重要的文物。

　　棺最早出现于新石器时代中期，起初制作材料是石头或者陶，后来才出现木头棺材。椁的出现则追溯到良渚文化早期（良渚文化这个名称也是由夏鼐先生定的）。到了夏商时期，棺椁制度有了一定的发展，一椁一棺、两椁一棺的制式、规格比较常见。而从西周到春秋战国时期，有了更为明确的棺椁礼制，其规定了从天子到士大夫各个阶级使用什么样的棺椁。不同的先秦文本对于棺椁礼制的描述也有一定的出入，例如《礼记》说天子棺四重，《荀子》则说十重，《庄子》说七重。而从实际的考古挖掘情况来看，春秋战国的墓葬制式很少与这些礼制记载相符，主要原因是《礼记》及其他一些礼制古籍的传承版本在"独尊儒术"后有所改良，而马王堆汉墓下葬于西汉初年，那么先秦墓葬跟礼制典籍的记载有所出入就更不用说。再加上前文中的推测，如果长沙国在礼制上意图复辟东周，那么它的下葬制式不同于当时的国家规格也就理所当然。很多礼制古籍只能作为理论参考，不是"实践出真知"。这种多重棺椁的墓葬形式在汉代常见，到了唐宋之后就很难见到了。

　　马王堆的棺椁墓葬制式沿袭自春秋战国时期，属于厢式外藏椁，也称为间切型对称椁，就是说它的椁室围绕着棺材，像房间一样分割区域且对称，用以收纳不同类别的陪葬品。也可以称之为井椁，枕木、椁室和棺材形成了一个"井"字形状。以一号墓为例，墓底横放着三根方形大枕木，枕木上放置椁室，由内壁和外壁隔出来四个边厢，中间是放置棺材的地方。一号墓的木椁保

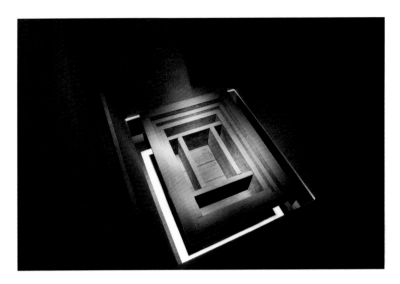

存非常完整，没有一颗钉子，全靠榫卯结构搭建而成。最大的一块侧板，长 4.88 米，宽 1.52 米，厚 0.26 米，重约 1.5 吨。据推测要直径为 2 米以上的大树，才能做出这样的侧板。现在很少能在国内找到这样大的树，可想而知汉代的森林繁盛状况。楚墓中常见巨大的椁室，也是因为当时这一区域的森林资源丰富。

在三号墓椁室北边厢的顶部约一半的位置，有一个类似门楣的木框设计。一些实地考察结果已经证实，在战国时期的楚墓中，间切型椁室的隔板上会画门、窗或者开洞。这看上去是一种装饰纹饰，实际上代表了信仰系统的变化。原本是隔绝、封闭的椁室内部，画了象征性的门窗，或是真的开了洞眼，代表当时的人认为死者（魂魄）会在椁室内部活动，所以要为他们开设便于行动的门窗。这一理念进入墓葬文化，在一定程度上预示着椁室大型化的趋势，乃至其最终发展为室墓。椁墓到室墓是一个整体的发展趋势，只是就楚地来说，它变化的开端体现在绘门窗、开洞眼等形式上。

西汉早期的大型诸侯王墓，也开始出现实用型设计，基本可分为仓库、灶台、水井和厕所四类。这四种特定空间与活人的生活息息相关，进入墓葬设计中，也代表古人对死后生活想象的具体化。不过马王堆汉墓中依然出现类似的设计或实物，也可能是因为墓主人官位等级较低。

辛追遗体在中间棺内，头朝北、脚朝南，颇有点风水的暗示。从她的睡姿来判断，北部就是头箱，南部就是脚箱，两侧为东西两箱。

头箱可以被视为她起居的地方，像是"正殿"，长 2.96 米，宽 92 厘米，深 1.44 米，比其他三个椁箱都要大几乎一倍，可见这个部分的重要性。椁箱底下铺有竹席，四周围着丝幔。我查阅的文献中提到，其中还有 16 件锡质铃形器物，但没有悬舌，不能像铃铛一样作响，应当是用来装饰帷幔的。

头箱可以根据陪葬品的摆放分成三个部分，相互以漆屏风隔开。西区因有私人物品，如拐杖、绣花枕头、两个漆奁盒，被视为她的卧室。中间的部分有漆钫、漆勺、陶壶等盛酒器具，并且一个大漆案上摆放着漆卮、耳杯和盛着食物的小漆盘，代表着主人宴饮进食的地方。值得注意的是，漆案前放了丝履和双尖翘头方履两双鞋，也许体现了"履不上堂"的礼仪，也许有更为深刻的信仰暗示：古人认为人升仙后，只留下一双鞋。东区则有 10 个女侍俑，她们就是侍奉她饮食的奴婢。着衣的女侍俑制作比较讲究，穿的都是绣花衣袍，有彩色纹锦镶边。相比之下，彩绘的木俑就有点愁眉苦脸，可能等级比较低。还有由 23 个木俑组成的家庭歌舞团，它们也着衣，并且面部化了妆，有人翩翩起舞，有人坐地奏乐，在辛追进食的时候为她歌舞助兴。俑看起来有一点"恐怖谷"效应，人的确会本能地惧怕似人的非生命物体。不过仔细观察这些女侍俑，还可以看出这一时期的美妆思路，虽然出土的化妆品肯定早就不能用了。女侍俑大多着淡妆，追求一种天然去雕饰的化妆方式，这在今天就叫"裸妆"了。比较突出的特征是长眉入鬓，眉形比较细长。较流行的发型是垂髫，即髻中有一小撮头发垂下来。

三号墓中同样有这样的家庭歌舞团，其由 26 个俑组成。竹简上写着："河间舞者四人，郑舞者四人，河间鼓瑟者一人，郑竽瑟吹鼓者二人，楚瑟吹鼓者二人，建鼓者二人，击铙者一人，击铎者一人，击磬者一人。"这些文字不仅详细写了不同的俑在这个歌舞团里有什么作用，还标注出了他们的家乡，他们当中既有河北河间人，也有河南郑人，还有本地楚人。另一种说法是，这些文字表明乐伎所擅长的音乐、舞蹈流派，例如河间舞就是河间风格的舞蹈。三号墓还出土了一种身着青衣、站在北边箱和西边箱隔板处的木俑，像是戍守的卫卒，古代称之为"阍人"。

东边的椁室是奴婢的住所和储藏室，有 8 个木俑和一个冠人。冠人头戴高冠、身穿锦衣，脚上还写了"冠人"两个字，身份地位一看就比较特殊。"冠"之前被认为可同"倌"，是阉臣或辛追的内侍小臣。但是后来冠又被解释为头戴冠饰，为俑人长官的象征。还有 59 个立俑，属于一般的佣人，剩下的就是宴请宾客用

❖ 侍女俑

的一些礼器和食具。

南边的椁室也有一个较大的俑，其带着 39 个立俑，剩下的是烹饪用的一些器具，这一部分大概是厨房和奴婢的起居室。

西边的椁室也是储藏室，放着 33 个竹笥，里面有大量的粮食、水果、蔬菜、肉类和中草药，还有一些乐器。除此之外，这里也是辛追的小金库，有 44 篓泥半两钱（冥币），每篓有 2 500~3 000 枚不等。为什么用泥制钱币来陪葬呢？这也和汉代初年提倡节俭的政策有关，当时不能用金银铜锡来制造陪葬品。除了泥币，辛追的小金库里还有 30 多块土制郢称。郢称是楚国特有的一种金质板状货币，墓中遣策上称之为"土金"。还有一种聂币，是用纺织布做的冥币。除了货币，还有一些象征富贵身份的陪葬替代品：一串泥制珠玑笥，圆的是珠，不圆的是玑，用

❖ 歌舞乐伎俑

来替代珍珠；一些应该由金属制造的乐器，也由木制品代替，例如木编钟；还有木制犀角、象牙、玉璧、玳瑁等珍奇替代品。即使不能用实物来陪葬，也着实炫富了一把。

很多人可能也会说，现在去祭拜先祖，会烧纸钱和纸扎的车子、房子，陪葬品里有这些木制的珍奇宝贝，也不能说明轪侯就是富贵之家。那我们可以看看真正的硬实力，就是陪葬的俑。俑代表的就是佣人，被带到地下继续服侍墓主人。一号墓就有162件木俑，三号墓有104个，总计266个。

一号墓除了上述用于服侍、歌舞的陪葬俑，还有36个特殊的桃木辟邪俑。其中3件着丝麻衣，在辛追第三层和第四层棺材的缝隙中，东、西、南各一个，长11~12厘米，宽2.5厘米，厚

1 厘米，头部用墨和朱红绘出眉目。33 件是桃木墨绘小俑，在内棺盖板的帛画右下方，高 8~12 厘米，一组 22 件用麻绳编结，另外 11 个零散摆放。这 33 个小俑都是用小段桃木枝条做的，将其劈成两半，一端削成三棱形，中间的脊作为鼻，两边用墨点出眉目。

根据三号墓出土木牍的记载推测，当时轪侯府邸中实际佣人多达 867 人。这个数量也基本符合汉初法令："赐列侯甲第，僮千人。"木牍所记载的车、马、牛数量应该也符合当时轪侯家的情况：右方车 10 乘，马 54 匹，付马 2 匹，骑 94 匹，辎车 1 辆，牛车 10 辆，牛 11 头。

俑有一定的抽象性意味，尤其在墓葬这个叙事空间中。墓葬中的俑，基本可以分为三个类型：镇墓俑、礼仪俑和家居俑。镇墓俑就是上文提到的桃木辟邪俑，还有放置在墓道中的偶人，都能起到精神上保护墓葬的作用。马王堆汉墓中没有礼仪俑实际的出土物，可能因为墓主人级别还是不够高。三号墓悬挂着《车马仪仗图》，有学者认为其是以画的形式出现的陪葬俑。如果采用这一说法，它就可以算在礼仪俑范畴内。家居俑比较好理解，就是服侍的俑人，马王堆汉墓的俑以此类为主。通过俑的角色选择，可以推测墓主人的生活。马王堆汉墓陪葬俑以家居为主，说明墓主人过着养尊处优的生活。从活人殉葬到以俑替代活人，再到俑的大小变化，比如从秦始皇的真人比例兵马俑到汉景帝的迷你小俑，甚至到用画代替实际的俑，本质上代表了观念的变更。对空间想象的扭曲，与椁墓到室墓的发展一致，都体现出丧葬文

❖ 冠人俑

化背后信仰系统的发展。

椁室中陪葬品的摆放也会参考墓主人生前喜好，像前面说的二号墓出土的错金银铜弩机，可能是利苍生前爱惜之物。辛追是贵妇人，陪葬的衣服自然也繁多，其中就有著名的素纱禅衣。三号墓中利狶的头部椁室内，有一套漆器博具，说明他生前偏爱这个游戏。

二号墓虽然保存最差，但从棺椁遗迹来看，似乎有便房这一设计。便房是汉墓考古中的一个难点，到现在还没有办法彻底搞清楚它的作用以及定义。学界有人认为在墓的中后部，棺椁外围的平面呈方形的小隔间，就是便房。也有人认为便房是内椁和棺房的总称，或者就是椁室的总称。而大多数汉墓实地考察结果表明，疑似便房的设计，都略有不同。二号墓棺椁腐朽严重，也只是疑似有便房，原貌无法观察。但无论如何，便房都是墓主人身份显贵的一种象征。

二号墓棺材头档部分有玉璧一块，据推测原来悬于内棺头档。玉璧由灰白色高岭玉制成，两面外圈刻龙纹，内圈刻云雷纹。另外两个墓中都未见玉璧，可见当时利苍的身份更为尊贵。除玉璧外，二号墓中也有一些铜制、银制、玉制、玳瑁制物件，但并不多，有的并非独立器物，而是其他器物的装饰品。

通过取样鉴定，考古工作者判断一号墓的椁室由杉木制作。杉木在中国的栽培和使用历史悠久，也有大量出土木质文物由杉木制作。杉木质地的文物具有防腐特性，可以持久保存。

椁室巨大，但外观朴实，更多的讲求实用的功效。相比之下，

❖ 黑地彩绘棺

真正精致华美的是棺材。一号墓中辛追的棺材有4层，层层相扣，保存完好。

第一层外棺是黑漆素棺，没有任何花纹，长2.95米，宽1.5米，通高1.44米，非常大。

第二层是黑地彩绘棺，也就是以黑漆为底色，在上面以堆漆法进行绘制，棺内为朱漆，长2.56米，宽1.18米，通高1.14米。画中四处流云漫卷，似是对天国的一种想象，盖板四边为带状卷云纹，四周有以流云为中心的带状图案。盖板及左右两侧的云气纹均为6组，分成上下2列，每列3组。头档和足档的云气纹均为四组，分成上下两列，每列两组。云中藏着111个仙人、怪兽形象。数量最多、占到总数近一半的，是一种似羊非羊、似虎非虎且长着鹿角的怪物，它们手中操蛇或口中衔蛇。有专家认为这是《山海经》中所写的怪兽疆良。除此之外，还有九尾兽、披发仙人、鸾鸟、仙鹤、枭、牛、马、鹿、兔、蛇等图案，它们各有姿态，形成一派热闹的神怪景象。

❖ 黑地彩绘棺（局部）

第三层是朱地彩绘棺，也就是以红漆为底色，和前面两个黑色棺材形成强烈的视觉对比。棺长 2.3 米，宽 0.92 米，通高 0.89 米。棺外的朱漆地上用青绿、藕褐、粉褐、黄白等十分明亮的色调，画着龙虎、朱雀、鹿与仙人等图案。头档中间画有一座高山，呈等腰三角形，两侧各绘了一只昂首跳跃的鹿，周围环绕着云气。右侧板上绘有一座赤色的山，两边各有一条粉褐色龙，在波浪中昂首遨游。还穿插着虎、鹿、朱雀与仙人。

足档画着"二龙穿壁"图，中间为一块白色谷壁，两条粉褐色长龙缠绕其中，披鳞甲长凤羽，龙首相望于壁上方。棺盖上是二龙二虎相斗，二龙头相向，龙身各向两侧盘绕。两虎相背于二

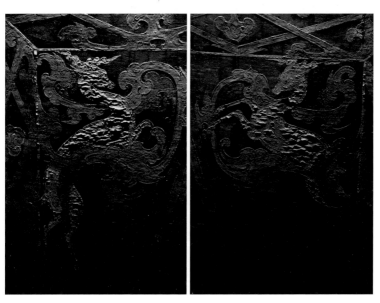

❀ 朱地彩绘棺上的鹿

龙之中，像是分别攀附于龙头之下，张口吞噬龙身。龙也是粉褐色，披鳞甲，有三角弧形斑纹，虎则是赤褐色。左侧板全是繁复的勾连云纹，没有动物和人物图案。

最后一层，也就是辛追永眠的地方，被称为"锦饰内棺"，长2.2米，宽0.69米，通高0.63米。内涂红漆，外为黑漆，在黑漆层外横缠两道12厘米宽的帛束，每道有六七层。在盖板和四壁板上分别粘贴一层带菱形勾连纹的贴毛锦，板壁外贴毛锦周边又有一条12厘米宽的铺绒绣锦，中间横贴一道，如一个"日"字。

铺绒绣锦用烟色绢为地，用朱红、黑、烟三色丝绒绣成。绣锦用平针满绣织成，针脚非常整齐，绣线排列均匀。图案为长和宽为4厘米的黑色斜方格，内部填以红地烟色花纹。应该是先绣黑色斜方格，再绣红地，然后绣烟色花纹，绣线纤细到0.1毫米。

装饰用的菱花贴毛锦，制作工艺也很复杂，据推测是先将绢研光上浆，后以红、黑二色绘出菱形图案作地子，再分贴橘红、青黑二色羽毛，二者之间贴上2.8毫米宽的条绢。每片中央和两侧的柿蒂形花饰是用贴羽毛的绢片附上去的。菱花贴毛锦由于是孤品，被列入一级保护藏品之中，一般不拿出来展览。本来想做复制品贴在棺上展览，但因为找不到类似的纤细的羽毛材料，最终作罢。《左传》中记载"棺有翰桧"，翰桧可能就是这样的锦饰。

经过取样鉴定，判断棺木由楸树制作。中国原产五种楸树，古书中也有栽培记录，今天不少地方还留有古楸树。楸树从类型上来看是梓属，也就是天子才能用的梓棺。不过学界认为单由梓木制作的棺材，不能称为规格极高的"梓宫"，必须搭配黄肠题

朱地彩绘棺

❖ 锦饰内棺

凑。小小的轪侯用上梓木，已经证明这个家族在当时的地位。结合前文中二号墓的便房，可知轪侯一家深受恩宠，只有贵宠者才会被赏赐梓宫、便房这样的丧葬礼仪，棺椁又成了吴、利两家交往密切的一个佐证。

棺与椁，一同构建古人死后的居所。我们看见的是博物馆里重新陈列的文物，墓坑原址往往被忽略，仅有几张模糊的照片。墓主人修葺地下宫殿，做着永生大梦，而最终真正能永远留下的，是文明的痕迹。

第六章

死生契阔

"死生契阔，与子成说。执子之手，与子偕老"是《诗经》中著名的诗句，这句诗的含义一直有争议，有人认为它指战场上的将士生死相依，有人认为它指远征的丈夫思念妻子。把这句诗作为情诗解读，似乎更为普遍，但在这引用"死生契阔"，并不是在说利苍、辛追伉俪情深，而是想形容墓主人和陪葬品之间的关系。毕竟陪葬品要陪着墓主人在死后的世界生活，拿这句诗来形容，应该还算恰当。

在正式进入介绍马王堆出土文物的章节前，我想先借这个章节建立一种观看逻辑。我们应该如何观看马王堆出土文物？这就需要厘清墓主人和陪葬品的"死生契阔"关系了。陪葬品是活着的人为死去的亲人准备的，存在着某种功能性意图，在古人的想象中，这些物品是会被使用的。

可能也会有人好奇，是谁在准备这些陪葬品和操办丧葬仪式？其实答案在前文中已经一闪而过，那就是轪侯家丞。家丞是拥有侯位的人才能有的下属，三号墓中遣策记载，轪侯家有"家丞一人""家吏十人""谒者四人"，这说明汉初诸侯的家臣还是较多的。家丞具有一定的行政官员性质，不同于冠人是佣人，他的主要工作除了管理文书档案、代表诸侯行事、管理诸侯的财产，还有很重要的一点就是安排诸侯的丧事，可以被理解为现代的治丧委员会主任，所以最后由他在陪葬品封泥上盖章。顺便列举一下其他主要家吏：庶子为家丞的副手，级别仅次于家丞；门大夫是诸侯家的侍卫武官；行人主管诸侯家的礼仪；洗马是诸侯出行时的领队；偈者则是通报、传达信息的近侍。

陪葬品可以分为三类：明器、生器和祭器。其中祭器比较特殊，顾名思义，就是祭祀时使用的器具。一些学者将祭器归类于明器或生器，但我觉得应该将祭器单独分类。

谈论祭器前，我需要先引用巫鸿先生曾提出的一个理念，即纪念碑性。这个理念来自一种较为特殊的建筑物，也就是纪念碑。纪念碑不存在太多实用价值，更多的是精神价值的体现。如果从广义来看，中国古代建筑中具有纪念碑性的，莫过于宗教石窟。而巫鸿先生在提出这个理念的时候，主要考虑的是祭祀建筑例如古埃及金字塔，还有涉及重要庆典、事件、人物的建筑物，例如凯旋门、人民英雄纪念碑。

除了明确的建筑物，巫鸿先生认为一些特殊的器具也可以体现出中华文化中的纪念碑性，其中最具代表性的一个物件，就是"九鼎"。一言九鼎、问鼎中原这两个成语大家都不陌生，相传夏朝初建时，大禹将中原分为九州，让每个州铸造一个鼎进贡，因而九鼎象征着至高无上的王权正道。九鼎流传夏商周三朝，在周显王时期沉入泗水。但历朝帝王对九鼎的渴望从未停止，常有帝王自己铸造九鼎，证明自己龙椅的合法性。鼎也逐渐变为一种礼器，代表人的身份地位。后世作为礼器的鼎，可被解释为"九鼎"的衍生品，从器物形态上继承它的神圣性，也是使用者的身份认证。马王堆汉墓出土的祭器，就是一组九鼎、两组七鼎，属于"九、七二牢"之礼。它早期为诸侯礼制等级，但春秋中后期有上卿开始使用，马王堆可能是遵循旧制，墓中遣策、包裹尸体的衣衾制度，也都是旧时的礼制。虽然这些鼎多为食器，装有烹饪好的食物，但从礼制的角度来看，食物可能也是某种丧葬礼仪的一部分，用来进献鬼神，而非给墓主人陪葬。

常去博物馆的人肯定熟悉明器，墓葬出土的大多数文物都属于明器。荀子定义明器为"貌而不用"，就是它长得跟正常的器具差不多，但是没有实际的用处。俑就是一种典型的明器，它不是真人，只是作为人的象征陪葬。俑所体现的空间扭曲性也适用于其他不同种类的明器，明器不拘泥于尺寸、纹饰、材质，但这种自由转换并不是制作者的意图，而是某种地区特质或时代风貌的集中体现，简而言之可以被理解为一种流行性。

为什么是流行性而非艺术性呢？

首先，明器主要是作为一种功能性器具存在的。当然有个别明器的制作工艺达到了较高的艺术水准，极具美学价值，只是它体现出的艺术性是无意识的，而非艺术家有意为之。其次，作为陪葬品，部分种类的明器是量产的，既然是作坊量产，就很难

考虑到艺术性，而是希望尽可能提高工作效率。再次，制作明器时，工匠肯定明确知晓它未来的去处，在这样的前提下，工匠自然也不会倾注太多创造力。

另外，明器的图案选择也可以反映当时的一些社会、人文情况，像马王堆出土漆器上的狸猫纹，既出现在家居器具上，又出现在狩猎图中。狸普遍被认为是古代的猫，狸猫图案在两个完全不同的语境中出现，可能是因为当时已经有家庭养猫的现象，但同时猫仍然是对人若即若离的动物。

所以，不用去推测工匠在制作这些东西的时候有什么样的特殊心情，更不用去想象他们绘制纹饰的意图。这不是艺术创作，而是礼器制作，有自成体系的纹饰要求。再加上封建社会阶级分明，他们是被奴役的工人，在给上等阶级制作丧葬用品。并且这些器物并非孤品，是可以复制和量产的，这意味着它们是同一种意志的产物。

我认为明器真正的价值，难以体现在美学层面，更多的是体现在它组合出现于墓葬中所代表的意志。明器是陪葬品中的重要部分，也是数量比例较大的一部分，选择这些器具的原因以及它们摆放的位置，都暗藏玄机。

　　最为简单的理解，就是对现实生活的复制。墓主人活着的时候，有什么样的生活用品，陪葬品里就有一份。这是一种较为朴素的墓葬理念，将死后世界视作现实世界的镜像。但明器是用来替代真实的生活用品的，所以它本身具有象征性，这也就代表它必然超脱于一比一复制的桎梏。这种象征性随着墓葬文化的发展而不断变化，最明显的趋势就是从具象的器物逐渐走向抽象的图画。尤其是椁墓转变为室墓后，空间有所拓展，也就出现了壁画，丰富了墓葬中蕴藏的信息，解读起来也就更复杂。我在查阅资料的时候，常想如果马王堆是东汉时期的室墓，或者利苍的身份再尊贵一点，那么书写难度就会呈指数级提升。

　　从具象到抽象的变化，自然离不开政治、经济和文化的发展。所以透过对明器的研究，不仅可以看到墓主人生前的生活状态，更可以推测出他们所处的时代环境，判断出社会的文明程度和科技水平。

　　生器是与明器相对的概念，意为墓主人生前就使用过的器具，它具有实用价值或审美价值。相比明器而言，生器的数量少很多。一般来说，只有墓主人生前常使用或者特别喜爱的东西，后人出于孝心才会将它们埋入墓中陪葬。

　　典型的生器，包括河北满城窦绾墓出土的长信宫灯。窦绾是中山王刘胜的妻子，两个人是异穴同葬，与利苍、辛追一样。刘胜是汉景帝的儿子、汉武帝的兄弟，所处时代与马王堆汉墓相差不过几十年。满城汉墓发掘于1968年，与马王堆汉墓发掘时间也很相近。它最珍贵的一件文物来自刘胜的墓，是我国第一具完整的金缕玉衣。因为墓主人本身级别就比较高，所以其陪葬品的丰富程度肯定是马王堆汉墓没法比的，这一点客观事实也无须纠结。

刘胜是窦太后的孙子，而他的妻子也姓窦，所以很可能是外戚联姻。这和她陪葬的生器有什么关系呢？灯具底下，刻有"长信尚浴"等字样。"长信"是窦太后居住的长信宫，"尚浴"可能指在浴府中使用，因此命名为长信宫灯。除了"长信尚浴"等字，还有六处刻了"阳信家"字样。从字迹差异推测，是先刻有"阳信家"指代的身份后刻有"长信"，所以这盏灯先属于"阳信家"。学界对"阳信家"有两个推论：一是阳信夷侯刘揭，他的儿子因参与七国之乱而获罪抄家，这盏灯也就从他家被送到窦太后宫中；二是阳信公主，后世一般称之为平阳公主，她是汉景帝的长女，最初分封在阳信，后嫁平阳侯才改封平阳公主，这盏灯可能是她赠给祖母的。我比较认可第一种推论，如果是嫡亲长孙女赠送的礼物，不太可能再转送别人。学界普遍认为，长信宫灯是刘胜和窦绾大婚时窦太后赠的礼，所以窦绾格外珍视，最后带到了墓里。

它除了是一件制作工艺精美、美学价值极高的青铜器，还在流传的过程中见证了权力的变更，兼具艺术性与传奇性。相比从诞生起就注定要埋葬地下的明器，生器的确更有故事性。

上文以长信宫灯为例，是想凸显生器之于墓葬的研究价值。马王堆汉墓中散落着不少生器，例如前面提到的二号墓出土的错金银铜弩机，本身就有破损，既没有精美的制作工艺，也没有什么美学价值，但它是利苍参与秦末起义的佐证。所以抛开生器的物质性，它们还具有相通的精神性，一样可以帮助研究者尽可能准确地"侧写"出墓主人的生活痕迹。

明器与生器都是重要的陪葬品，明器代表丧葬礼制，而生器暗藏墓主人的私人信息。墓葬本质上内含着一种祖先崇拜，用巫鸿先生的话解释，就是"象征着个人在新的官僚系统中的位置和成就"。除了把轪侯家族放到汉朝初年变幻莫测的局势里探讨它的历史位置，还应该把马王堆汉墓放到浩瀚的丧葬艺术发展史中，考察其价值和位置。而它所体现的美学价值与轪侯家族或利苍个人的历史价值应该是紧密关联的。结合历史记载与生器信息，可基本推导他们的生活原貌。

明器和生器进入博物馆后，别说按墓葬逻辑进行陈列，就是作为一种陈列分类依据也难以实现，博物馆更多的还是以器物的功能、属性进行分类。这也符合古代对生器陪葬的要求。孔子是极力反对生器陪葬的，因而衍生出了一种将生器的实用性与抽象意义剥离的陪葬方式，这颇有点"掩耳盗铃"的意思。例如三号墓的六博，将博具中的骰子拿出来藏在漆奁中，博具没有了骰子就无法进行游戏。再如，帛书中放入牡蛎壳、青蛙，也是类似的意图。

我希望在这个被打破的墓葬逻辑中，重建一个想象的世界。承载想象世界的空间，就是装载陪葬品的墓室。将墓室和陪葬品结合起来后，又需要进入另一个讨论命题：墓葬的本质是建筑。

梁思成先生在《中国建筑史》中提到，中国古代建筑的理念是"不求原物长存之观念"，意思是古代工匠多选用木材作为建筑的主要材质，希望建筑物的命运可以顺应自然规律，不强求千秋万世长存。一般具有实际功能性的建筑物，在建筑的过程中可能也是优先体现实用价值，所以是否得以完整留存，只能完全依赖命运。中国古代本就有数十个王朝政权更迭，还有近代的战争和变动，我们今天能看到的所有古建筑都是珍贵的。

我们又回归对纪念碑性的讨论。将这个理念进一步扩大后，会发现中国古代墓葬建筑明确体现了纪念碑性，与其他地域文明中的纪念碑性建筑的主要差异就在于它们显于地面，而我们的选择藏于地下。

中国古代墓葬文化的发展，包括从椁墓到室墓的变化，在陵寝中设置活人可进入的祭祀场所，都代表了墓葬建筑纪念碑性的进一步发展。法国学者雷吉斯·德布雷在他的著作《图像的生与死：西方观图史》中提出一个观点：死亡给人艺术创作的动力，墓葬艺术非常明确地体现出这一点。所以我们置身博物馆内时，不应该只是去观看陪葬品留存千百年的表面形态与纹饰，还需要联想到它们背后丰富的信息，才能打通生死的界线，与古人一同想象那个逝者生活的永恒世界的模样。

第七章

钟鸣鼎食

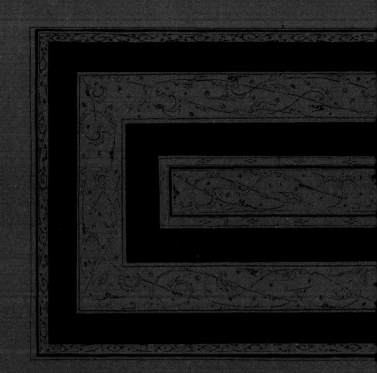

钟鸣鼎食形容的就是大富大贵之家的排场，前面的章节里已经写了，只从一号墓地下宫殿陪葬品的数量和种类，就足见轪侯家的荣华富贵。

　　可能很多人会疑惑，一个小小的七百户侯，到底能多有钱？其实可以简单通过史书中对列侯收入的规定，初步计算轪侯家的经济实力。汉代统治阶级的收入来自"赋"和"税"，"赋"是直接交给国家的，其最大来源就是人头税，所以户籍制度非常重要，影响国之根本。还有一部分，来自针对官吏、贵族的财产状况征收的"訾算"。"税"则主要指田租，列侯收入主要来源于此，还包括山泽税（针对矿产、猎物、川泽、林木、盐铁等自然资源开发的税收）、商税等。

　　《史记·货殖列传》中写："岁率户二百，千户之君则二十万。"在这里，司马迁按照当时物价情况，将征收的地税（即粮食）折合成钱数，则每年一户纳税200钱（古代铸币），千户的诸侯有

20万钱。轪侯的封邑是700户，也就是一年能收14万钱。这里还没有算入他们可能私铸的货币，以及私自圈地的收入，只是中央封邑的收入。

乍一看这个数字非常惊人，但是要考虑实际的购买力水准，最好的衡量标准就是粮食价格。汉朝初年到末年粮价变动较大，因为国家经历了王权更迭的战争，恢复经济生产需要时间，所以高祖、惠帝、高后时期粮价较高，可达到万钱1石（旧重量单位）。到了文景之治时期，生产恢复，再加上"轻徭薄赋"政策，粮价降到极低，只需要数十钱1石。汉朝的1石，换算成现在的计量单位大概是32斤。以辛追下葬的时间来看，也就是文帝时期，假设粮食是30钱1石，那么轪侯家一年的收入可以购买大约4 600石粮食，也就是将近150万斤。也可参考汉代奴婢的价格，文献记载奴婢价格浮动较大，从50万钱到1万钱不等，有论文认为均价在2万~3万钱。如果墓中遣策记载府里奴婢多达800人属实，可想而知轪侯家的富庶，而且肯定会有不合法的收入。

到这一章，我们来具体看一看，轪侯家的"钟鸣鼎食"之风。

"钟鸣"用白话文来说就是乐器，马王堆汉墓出土了不少珍贵的乐器。一部分是明器，像木编钟、木磬、木筑，也就是专门用来陪葬的，不是真的乐器。另一部分就是真的乐器，有瑟、竽、笛、琴、竽律几种。有明器和生器的区分，可能是因为明器是依礼制需求安放的，而生器是墓主人生前使用或者钟爱的乐器。

在明器方面，木编钟和木磬算是比较常见的，木筑虽然是陪

❖ 七弦琴

❖ 二十五弦瑟

葬品，但其乐器实物比较少见。筑属于击弦乐器，形似筝，颈细而肩圆，有 13 根弦，弦下设柱。弹奏的时候左手按弦的一端，右手执竹尺击弦发出声音。

三号墓出土的笛和七弦琴以及一号墓出土的二十五弦瑟是当时国内最早发现的乐器实物。瑟是一种古老的乐器，传说早在三皇五帝时代，就有伏羲造琴、瑟。传说中伏羲把五十弦的瑟裂一为二，变成二十五弦。《史记》中写，黄帝让素女弹奏五十弦的瑟，觉得太过悲伤，所以把五十弦破为二十五弦。还有尧舜时代湘灵鼓瑟的传说。传说舜去世后，他的一个妃子非常悲伤，投湘水自尽，化作湘水女神，常在江边弹奏瑟，以寄托哀思。马王堆汉墓下葬于汉朝初年，《后汉书》里提到了东汉末年对瑟的记载，可见这个乐器在整个汉朝都比较流行。南北朝之后，这一类制式的古瑟基本失传，后世的瑟在制式和弹奏方式上有比较大的变化。

一号墓的这具二十五弦瑟长 116 厘米，宽 39.5 厘米。瑟面微拱，瑟身下有两个共鸣窗，叫首岳和尾岳。瑟面一端有一条横的首岳，尾端有外、中、内三个尾岳，也就是像小山一样凸起的部分，用来绷弦。25 根弦都用四股素丝搓成，分别系于尾端木枘上，枘头是锡制的。25 根弦通过三条尾岳分组，中组 7 弦，比较粗；内外各 9 弦，比较细。每组由内往外弦逐渐变粗，每根弦下还有一个桥形木柱，用来调节弦长，确定音阶。内外两组弦尾各有一条绛色罗绮带穿插弦间，将弦隔开，可能是用来保持弦距及柱的稳定或者消除弹奏时共鸣产生的干扰。

根据一号墓出土的鼓瑟木俑和黑地彩绘棺上的画来看，瑟有两种弹奏方式。一是如木俑那般席地而坐，瑟横在膝前，双手掌心向下，大拇指屈向掌心，食指内勾，两指成环状，其余三指微屈，两手食指同时做抹弦之势。二是像黑地彩绘棺上的怪兽，瑟一端斜靠膝上，另一端着地，右手弹膝上一端的弦，左手按瑟面中部的弦。

一号墓出土的竽是明器，外形完整。三号墓出土的竽是生器，外表残破，但内部结构还比较完整。大部分人都知道"滥竽充数"的故事，但可能没有见过竽到底长什么样。它由 22 根竹管组成，前后两排插在竽头上，并有吹口。竽管最长 76 厘米，最短 14 厘米，其中有 23 块簧片和 4 组折叠管，竽管上有出气孔和按孔。簧片由小竹片削制而成，最小的长 1.18 厘米、宽 0.4 厘

❖ 竽

米，最大的长 2.35 厘米、宽 0.75 厘米。有的簧片上面有白色小珠，称为"点簧"，可以改变簧片的振动频率，控制音高。

有一种乐器叫竽律，其实也和竽有关，是用来调竽的音哨。竽律一共有 12 根，可以吹出 12 个标准音，出土时都好好地装在竽律袋里，上面写着"黄钟""大律（可能通吕）"等名称。这些都是古代的音律名称，黄钟是六种阳律的第一律，大律是六种阴律的第一律。成语"黄钟大吕"，就是形容音乐或者言辞大气、庄重。

琴和笛也是现代比较常见的乐器，所以简单介绍一下。

三号墓出土的琴长 82.4 厘米，由面和底两部分组成，两面都剜有"T"形槽，可能是后来的琴常见的共鸣窗前身。"T"形槽中安有 7 个旋弦的轸子，7 根琴弦都已经腐朽。琴面有摩擦痕迹，说明它可能是用过的器具。琴上有龙龈（琴尾承弦部分）、雁足（琴腰底部支柱）等基础部件，但没有琴徽（琴弦音位标志），据推测这把琴可能是汉初特别款式或者先秦遗物。

三号墓出土的竹笛有两支：一支长 24.7 厘米，直径为 1.5 厘

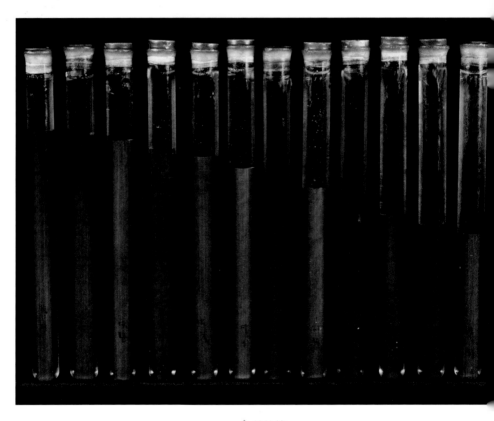

❖ 竽律管

❖ 竹笛

米；另一支长 21.18 厘米，直径为 1.54 厘米。吹孔在竹笛一端，孔内塞有斜面木塞，斜面出口处开有一眼，可吹。上面有 6 个气孔，底面有 1 个，一共 7 个。

"钟鸣"之后，我们再来看看"鼎食"。"鼎食"可以分成三个部分来讲，一是她生前享受"鼎食"的环境，二是富贵之家的保健养生方式，三就是食物本身了。

一号墓出土了竹席 2 条，草席 4 条。保存比较完整的一条竹席放在西边箱竹笥中，卷成筒状，长 2.34 米，宽 1.69 米，用人字形编织出几何花纹，席角有"家"字墨书。西边箱中部竹笥上的 2 条草席也保存比较完整，基本都是长 2.2 米，宽 0.82 米，编

奏乐俑

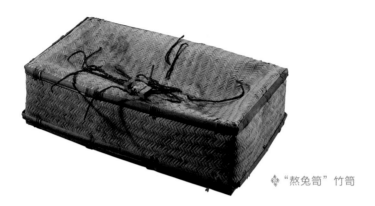

❖ "熬兔笥"竹笥

织方式和现代草席类似。竹席和草席使用季节不同，一般冬天用草席，夏天用竹席。结合出土的漆几、屏风，我们可以想象出当时人的日常起居状态。

当然享受不止这一点，夏天还得有人在后面扇扇子。西边箱的竹笥上还有长柄竹扇一把。扇面呈梯形，短边长55厘米，长边长76厘米，宽45厘米，用两经一纬的细竹篾编织而成，竹篾宽0.2厘米。扇面的边缘包缝3.5厘米宽的素绢，正反两面的中部分别用两条竹篾劈成八九根竹丝加编几何图案。扇柄长1.76米，用直径为3厘米的竹竿制作，外面裹以黄绢。柄上部劈成两半，将扇面的内侧夹住，再用四道宽3~4厘米的棉条捆牢。北边箱东部，也出土了短柄小扇，它和长柄大扇长得差不多，就是整体小一些。柄长52厘米，扇面短边长29厘米，长边长39厘米，宽22厘米。编织方式也类似，只是小扇的内侧缘用细竹竿作骨，延伸缘骨用竹篾编成管状柄，再裹以锦条。扇面也没有花纹，边

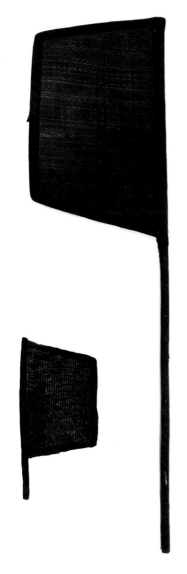

❖ 小竹扇（左）、长柄大竹扇（右）

缘包缝 1.5~2 厘米宽的锦条。

除了要人扇风，还要人焚香，北边箱出土了两个竹熏罩，配合熏炉使用。大竹熏罩底径为 30 厘米，上口径为 10 厘米，高 21 厘米。小竹熏罩底径为 19 厘米，上口径为 6.5 厘米，高 15 厘米。两个熏罩都是截锥形，用 1 厘米宽的竹篾编成，孔眼较大，底缘用绢包住，锥顶用棉封住，周围缀有细绢。

一号墓出土的草药，并不是主要用来直接治疗什么疾病，而是为日常保健养生所用，尤其是香枕、香囊、熏炉里的草药。草药从功能来看，也是以辛香、避秽为主。能分辨出来的有 9 种：茅香、高良姜、桂皮、花椒、辛夷、藁本、姜、杜衡、佩兰。

茅香、桂皮、花椒、姜这几样，看起来太像做菜的调料，但它们本身也有一定的药用价值。像茅香就是在熏炉内发现的，而不是用来做东南亚口味的菜式。绣花香枕中装有佩兰，四个绣花香囊中，两个分别装了茅香、花椒，两个混装了茅香和辛夷。两个

❖ 竹熏罩

熏炉中，一个有茅香、高良姜、藁本、辛夷，另一个则有点燃过的茅香。6个绢药袋里，有一袋全是花椒，有5袋装了花椒、茅香、桂皮、高良姜、姜，有3袋装有藁本，有两袋混装了辛夷和杜衡，辛追手握的绢包中有花椒、茅香、桂皮和高良姜。这些药物除了用来避秽，可能也是她日常会使用的。三号墓中与医药类帛书放在一起的牡蛎壳，也被一些学者认为是陪葬药品，另外还有矿物类药品朱砂。

民以食为天，马王堆汉墓中还有大量的食物陪葬品。一号墓的48个竹笥中有30个装了食物，三号墓的52个竹笥已经腐坏，但从竹笥上的木牌可以辨认出装食物的有40个。侯良先生经常说辛追这个老太太非常贪吃，可能也不止她贪吃，一家人都有贪吃的基因，所以陪葬品里食物的比重很大。

在主食方面，稻谷、小麦、大麦、黍、粟、大豆、赤豆和麻等实物多达 11 袋，还有不同的品种。光是稻谷就有籼、粳、糯、粘四个品种，谷型也分带芒、无芒、长粒、中粒、短粒等多种。主食类农作物的丰富程度，一方面说明了文景之治时期农业生产的发展状况，另一方面也说明了湖南自古就是鱼米之乡。根据出土实物和古籍记载的比对，可以看出汉代人以五谷为主食，这个时期的五谷是黍、粟、麦、菽、稻。我们常以"五谷不分，四体不勤"来嘲讽脱离现实的人，其实五谷的概念在农业发展史中多有变化，今天普遍食用的主食类农作物与古代有差异。一个都市人要去分清楚五谷，的确有些难度。汉代的五谷中，稻和麦现代人比较熟悉，其他几个似乎是"熟悉的陌生人"了，这其实是古文和俗称的差异带来的。黍与稻相似，俗称大黄米。粟俗称小米，在宋代大量种植稻之前，粟是主食之王。菽就是豆类的总称，在当时可能特指某一种豆。

一号墓出土的蔬菜主要有芋、姜、笋、藕、菱角、冬葵、芥菜等。其中藕还有一个特别的故事，侯良先生常说这个藕的传奇。他们当时掀开盖子，看到里面完好无损地保存了藕，非常惊奇，立马拍照。殊不知这些藕早就腐坏、氧化了，只是在墓中保持了原来的形态，一动就立马变成粉末。地质专家说，这些在墓中维持原态的藕，证明长沙地区自古到今都没有很剧烈的地质运动。出土的水果主要有青梅、杨梅、梨子、枣子、柿子、橙子、甜瓜等 20 多种。大部分蔬果出土时都保留了外形和果核，还是比较好辨认。

除了出土这些素食，还有大量的肉食。这些肉食基本上都经

过了烹饪，或者被做成了肉脯。肉当然完全腐败了，经过动物学
家鉴定，其中哺乳动物有黄牛、绵羊、猪、狗、马、兔、梅花鹿
等，禽类有鸡、野鸭、雁、鹧鸪、鹤、天鹅、斑鸠、鹬、鸳鸯、
竹鸡、鹊、麻雀等，鱼类有鲤鱼、鲫鱼、鳜鱼、鲷鱼、刺鳊鱼
等。其中狗的骨骼较多，可见当时有食狗肉的风俗，也许辛追还
特别喜欢吃狗肉。还有一个竹笥里，放着两只完整的华南兔，另
一个竹笥里，层层叠叠堆了几十只鹌鹑和竹鸡。一号墓中还有一
个竹笥里放着 40 个鸡蛋，蛋黄和蛋白已经干成了纸一般的薄片。

根据墓中遣策的记载，共有 30 种肴馔。像肉羹就有五大类：以牛、羊、豕、鸡等为原料烧制的不调味的淡羹为大羹，米屑和肉烧制的为白羹，以芹菜为辅料烧的叫巾羹，以蒿为辅料烧的叫逢羹，以苦菜为辅料烧的叫苦羹。还有一些精致的菜式，比如鱼肤是从生鱼腹上取下的肉，牛脍是牛肉切成的细丝，濯鸡是将鸡肉放在肉汤里烹饪，以及穿成串的火烤小鱼干、干煎兔、清蒸仔鸡等。

　　从马王堆出土的实物和文字记载来看，这个时期的烹饪方式主要有羹、炙、煎、熬、蒸、濯、脍、脯、腊、炮、煮、鲀、醢、鲳、鲊、菹等十几种。常见的一些就不细说了，这里主要介绍看着眼生的古代烹饪方式。濯就是油炸，脍是将肉切细后生吃。炮在这里念 bāo，就是用旺火急炒，另有说法是兽类不去毛，裹泥在火上炙烤。鲀和鲳我没有查到具体的做法，但从字本身来看，应该是鱼类的烹饪方式，或者使用了用鱼肉制作的调料。像鲊就是用鱼做肉酱。醢就是肉酱的意思，汉代有一种极刑，就是将被诛杀的大臣做成醢分给诸侯王，以示警醒。菹是腌制瓜果蔬菜，制作酱菜、酸菜、果酱等。烹饪用的调料，有盐、酱、豉、曲、糖、蜜、韭、梅、陈皮、花椒、茱萸等。侯良先生生前的养生之道就有食用豆豉，并且是在餐间直接食用，不是吃菜肴里的调料豆豉。他认为豆豉可以防止心血管类疾病，软化、疏通血管，这一结论可能来自对马王堆出土食物的研究。

　　我发现有一种记录在册的菜肴，如今在湖南地区还很常见，那就是刨盐鱼，把鱼切花刀后用盐和花椒腌渍，再油煎，然后蒸或者煎。可能现在的做法比当时复杂，但也是一脉相承。

在这些大菜之外，还有不少糕点，一般都是用粮食制作，再搭配瓜果糖肉。像枣糒，就是由枣和米麦熬制。黄糒、白糒，也都是由米和麦熬制，并且最终呈现不同的颜色。粔籹是由米和蜜制成的甜点。

既然出土了大量的酒器，自然也出土了酒。只是它当然已经在棺椁之中挥发，棺水里发现的乙醇成分，证明它存在过。不过，古代的酒和现代的酒还是有一定差异的，因为没有办法像现代这样提纯。汉代的酒可以反复酿制，酿的次数越多，品质越好，等级也就越高。马王堆一号墓出土竹简上记载的酒主要有四种：白酒二资，温酒二资，肋酒二资，米酒二资。资就是陶罐，酒总共有8罐。白酒在古代有多种不同的说法，估计指清白的酒类。温应该通"醞"或"酝"，是用米曲酿制的酒，也有说法认为它是经过多次酿造的酒，级别较高。肋酒就是沥酒，是过滤之后的清酒，属于级别比较低的酒。古代的米酒与今天的类似。因为酒类出土时只剩下酒器内干涸的痕迹，所以无法真正辨别它们的优劣程度。但是从记载来看，这个时期的酿酒技术有限，度数应当不会太高。

有的人可能会奇怪，现在湘菜以辣著称，为什么墓中的食谱里好像没有辣椒？这是因为辣椒原产自美洲，哥伦布15世纪才发现辣椒，16世纪末明朝时期辣椒才传入中国。所以从历史的角度来看，我作为一个湖南人不吃辣，还是很有道理的。不过今时今日的湘菜，真的有点辣得过头，好几家网红饭店吃了使人发晕。不如返璞归真，效仿老祖宗的做法。

第八章

千年传承

全国各地的博物馆可能都有陶器，毕竟中华民族使用陶器的历史实在太过悠久，陶器伴随着文明从开始一直走到今天。马王堆也出土了不少陶器，不过它们的风姿如多数其他博物馆的陶器一般，大多都被后续更为丰富多彩的文物掩盖，如青铜器、瓷器。就马王堆而言，漆器太过绚烂，以至没有多少人会注意到陶器。

　　一号墓出土的陶器共 51 件，东边箱有 22 件，南边箱有 26 件，北边箱有 3 件。这些陶瓷大多保存完整。器形分为鼎、盒、壶、锺、钫、瓿、豆、鐎壶、熏炉、甑、釜、罐 12 种。其中有些的用处不是很直观，在这儿多介绍一下。锺是一种酒器，也可以用来储备粮食，外形像一个鼓腹细颈的瓶子，但比瓶子大。钫是一种方口四曲棱形酒器。瓿是一种可以装酒、水、酱料的小瓮，有圆口、深腹、圈足等外形特征。豆似一种高脚盘，春秋战国时期用来装谷物，后来也可以装腌菜和肉酱。鐎壶是一种温酒的器皿。甑是一种用来蒸食的用具，类似现代的蒸锅，质地可以分为两种：泥质灰陶和印纹硬陶。

有 27 件陶器为泥质灰陶，绝大部分陶土没有经过精细淘洗。有个别器物，像锺和钫，质地比较细。部分陶器由于火候原因，呈现出不同的颜色。锺的火候最足，质地最硬，表里均为灰黑色。鼎、钫、豆、镶壶、熏炉、瓿和釜都有比较充足的火候，质地较硬，表里均为灰色。而盒和壶的火候比较弱，器物表面或灰或褐，胎色为红灰相混，质地比较软。

从纹饰来看，泥质灰陶可以分为素面和彩绘两种。素面的有鼎、盒、壶、锺、甑、釜 6 类，共 16 件，器物表面附着一层很薄的黑色物质，局部呈银灰色金属光泽。出土遣策中多处以"锡涂"二字描述这批陶器，这批陶器被定名为"锡涂陶"。锡涂陶，既不属于素陶，又不属

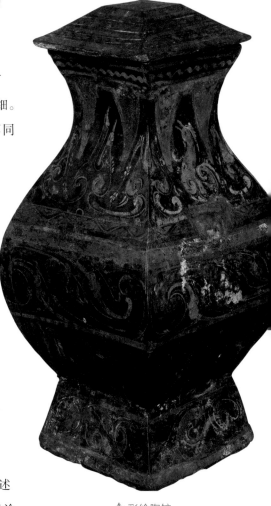

❖ 彩绘陶钫

❖ 彩绘陶鼎

于釉陶，应划分为古代陶器中一个特殊的品类。从目前的考古发掘记录看，此类陶器仅在楚汉时期两湖地区和安徽的几处墓葬出现过，数量很少。其表面材料和工艺与釉陶、漆皮陶不同。锡涂陶在研究陶瓷发展史及古代锡的工艺发展方面都具有重要价值。彩绘的有鼎、盒、钫、豆、熏炉、鐎壶六类，共 11 件。鼎、盒、钫三类涂有黑粉，器盖都用黑褐色漆，再绘以黄、绿、银灰三色花纹图案。豆和鐎壶先涂白粉，再加彩绘。熏炉则是先镂空和划纹，再加彩绘。

除了钫是模制，其他陶器都是轮制。模制是将泥料放在模子中挤压成形，轮制则是用轮车来制作，像是现在做的那种陶艺。

❖ 彩绘熏炉（北边箱）　　　　　　　　　❖ 彩绘熏炉（南边箱）

部分器物的附加部分，像鼎足、鼎耳等都是模制或手制。

　　其中有几件陶器比较漂亮。

　　两件彩绘陶鼎，表面涂黑色粉，口部绘银灰色宽弦纹和波状纹各一道，足部、耳部绘简单的银灰色纹饰。盖子表面磨光涂漆，顶部用黄、绿、银灰三色绘了四朵云纹，围绕着云纹有银灰色弦纹两道和波状纹一道。

　　两件彩绘熏炉，在南边箱和北边箱各一件。二者的相同之处是外形似豆，器身浅盘平底，短柄，子母口；不同之处就是南边箱的熏炉盖微拱，北边箱的盖比较平。

　　南边箱的熏炉通体涂黄漆，再用黄、黑两色绘制花纹。壁间有相间的两种花纹：一种是斜划方格纹，内加若干黑点；另一

种是斜划三角格，格内下凹，每种各四组。盖顶有可以转动的鸟形纽，鸟的眼、翅和尾用红、黑两色勾出。纽的周围饰以双划线的折线两层，内层呈五角形，外层呈八角形，分别间以三角形缕孔。

北边箱的熏炉先涂黑漆，再刷黄色，然后加以彩绘。盖壁和盘壁的纹饰基本相同，各有六组，其中四组为斜划且下凹三角格，两组为斜划方格纹，两组间隔。盖顶鸟形纽周围，画卷形纹和弦纹，又绕以四个三角形划纹，并加饰篦纹、方格划纹和缕孔。盖顶边缘，用划纹折线构成八角形，再间以三角形缕孔。

两件彩绘钫出自南边箱，表面磨光上漆，除了下腹部，周身用黄、绿、银灰三色绘花纹。肩部两铺首上各绘一立凤，另两侧及四角各绘一卷云纹，圈足四边各绘一凤纹。器盖顶部，用银灰、朱红两色绘四蒂纹，四坡则有黄、灰两色弦纹和波状纹。

有 22 件大口罐、1 件双耳罐和 1 件瓿为印纹硬陶。印纹硬陶的陶土和泥质灰陶的不太一样，似乎是高岭土，内含细砂粒比较少，火候比较大，质地硬脆。其中大口罐和双耳罐都是轮制，瓿似乎是泥条盘制。器物肩部都印有席纹，腹部都有方格纹，然后上釉。釉的主要颜色是褐色，少数是黄绿色，一般上部比较厚，下部比较薄。这 22 件大口罐分大、中、小三类，9 件出自东边箱，13 件出自南边箱。其中 16 件的口沿有完好的草泥塞，是先用草塞住罐口，再将草把的上部散开捆扎，然后用泥糊封，封泥上有明晰的"轪侯家丞"字样。6 件大口罐的颈部有麻绳系的竹牌，7 件的竹牌掉落边厢里，9 件没有找到竹牌。

这些陶器中大部分都装了食物，比如鼎内有鸟类的骨头，盒内有小米饼，双耳罐中有豆豉类食物。它们可能外貌比较朴实，也不能象征主人高贵的身份，却是贵族生活不可或缺的一部分。在华夏文明之中，陶器的存在也是如此，它很容易被忽略，但始终都在。

第九章

千年如新

其实不只是我带去看马王堆的朋友，侯良先生在自己的书里写过，他陪同参观的政要也都认为，马王堆出土的漆器一定经过修复，重新上了颜色，不然为什么两千年来，还是像新的一样锃亮鲜艳？但事实上，这些漆器并没有经过翻新。

中国的漆器历史非常悠久，1978年河姆渡遗址第三文化层里，就出土了一个涂有朱红色漆料的木碗，其生产年代距今已经六七千年。根据《韩非子》的记载，舜、禹时期就有这项制作工艺。

但是，我们今天看到的新石器时代到春秋时期的文物，还是以陶器和青铜器居多，鲜有漆器，因为当时漆器还没有独立的手工业部门，产量自然就少。到了战国时期，漆器的生产才开始蓬勃发展。当然，这也离不开漆树种植业的发展。战国时期漆树开始大量被栽培，还有专门的官员管理，庄子就曾经做过漆园吏。漆树产的漆是一种分泌物，主要成分是漆醇。未经脱水处理的叫生漆，脱水后成黏稠状流体的叫熟漆。漆本身就有耐酸、耐碱、耐热、防腐和绝缘的特性。把漆涂在器物表面，漆醇在加热的条件下发生化学反应，就会形成一层保护膜。制作漆器时，常会用漆、桐油和各种颜料混成油彩，绘出各种花纹图案。

古代的漆树主要分布于陕西、河南、安徽、湖南、湖北、浙江、四川、云南和贵州等地区。湖南的漆树生产地主要集中于湘西、龙山、花垣、凤凰等地现在仍然产漆。

汉代漆器又有了新的发展，官府设有专门制造漆器的工场，并有官员管理。从各地出土的汉代漆器来看，上面大多标注了年代、制作地点、工官和制作者姓名。有的漆器上还有私人戳记，这证明除了官营作坊，当时还存在民营作坊。汉代的漆器制作分工非常精细，根据贵州清镇平坝汉墓出土的一个耳杯的铭文，漆器生产包括素工、上工、洝工、髹工、黄涂工、画工、清工、造工、仿工、漆工等工序，由此可见制造一件漆器的工序非常复杂，所以它深得骄奢淫逸的贵族的喜爱。

马王堆一号墓出土漆器 184 件，三号墓出土漆器 316 件，加起来正好是 500 件，其中保存完整的有 492 件。种类也非常多，按用途来分主要有食器、酒器、盥洗器、梳妆器、日用杂器等。除了前面说的锃亮鲜艳，它们还有一个特征，就是常常作为漆制礼器被成组使用。它们能保存得这样完好，主要因为它们是明器，日常生活里并没有使用过。

其中有烙印和戳记的共 100 多件，字样主要为"成市草""成市饱""中乡饱""南乡口"等，代表了漆器生产的地点和作坊名称。在古代"草"可以通"造"，"饱"则通"麭"，意思是上漆的器物。"成市"普遍被认为是成都，在汉代成都也是著名的官府漆器产地，三号墓的木牍上也有"蜀鼎六"字样作为佐证。而一号墓的两个彩绘漆棺，从绘画题材到艺术风格都比较接近长沙出土的楚漆器，应该为长沙国内制造。

这上百件漆器，也呈现了不同的制作工艺。

制作方式主要有两种：一种是直接在木胎上涂漆制作；另一种则是夹纻胎，先在木胎上围一层又一层的麻布等软材料，然后刷漆，一层接一层地刷，最后把那个木胎拿出来，这样的漆器就比较轻薄。

漆绘方式主要有两种：一种是将颜料调入漆中，形成彩漆，再画出花纹图案，色彩明亮，不容易脱落；另一种是用朱砂、石绿、石青、白垩粉等矿物粉状颜料调入桐油，绘在涂了漆料的器物上，不过年久色彩容易脱落。

彩绘的手法包括线描、平涂、堆漆和渲染。线描是最为基本的一种手法，因为漆器装饰不能使用模印，所以只能用手工毛笔去描绘。平涂的方法有三种：一是用线勾勒物象后涂色；二是平涂物象，再用线勾勒轮廓，马王堆的大部分漆器都是用这种方式；三是平涂物象后，用线勾勒主要部位，表现出物象的主体结构。堆漆是利用漆的黏稠特性，表现物象的立体感，具有浮雕的视觉效果，一号墓道黑地彩绘棺上画的神仙鬼怪就是用堆漆法，看上去牙、爪、肌肉凹凸。渲染法是一种绘画技巧，但并未普遍用于漆器。

另外还有两种特殊的工艺：一种是用漆枪挤出白色凸线勾边，

再用黄、绿、红等勾填花纹，这种方式类似后世在建筑上用沥粉装饰；还有一种是"针刻纹"，墓中竹简称为"锥画"，就是在半干的漆胎上，用锥尖或针去镌刻。针刻的主要纹路是云纹和山纹，中间空隙的地方装饰禽兽、羽人等。

虽然是"汉承秦制"，但是在意识形态和文学艺术方面，马王堆汉墓依然保留了强烈的楚文化风格。一号墓的黑地彩绘棺和朱地彩绘棺上大量的神兽形象，在其他楚墓中都有，屈原的《楚辞》里也形容过类似的生物。由于汉代初年信奉黄老之道，因此才出现大量具有道家神话色彩的山纹和云纹，它们象征着仙山和神界。这些山与云中，又隐隐约约藏着不同的神仙、异兽。

从花纹类型来看，漆器主要分为几何纹和龙凤云鸟花草纹两大类。几何纹分连变体花纹、鸟头形图案、几何云纹、环纹、涡纹、点纹、波折纹等；龙凤云鸟花草纹包括云龙纹、云凤纹、云兽纹、云气纹、龙纹、凤纹等。

❖ 针刻纹漆奁

◆ 双层九子漆奁

在这几百件漆器里，有几件特别值得注意。

一件是双层九子奁，竹简上称之为"九子曾检"。这个物件出土于一号墓，是辛追的化妆盒。它的盖和壁都用夹纻胎，双层底是斫木胎，可能在麻布胎上又裱了一层丝绸。整个器身分为上下两层，表面呈黑褐色，刷了一层极薄的金粉，里面也加了一点银粉，称为清金漆，再用油彩绘上黄、白、红三色云气纹，看上去非常雍容华贵。

打开盒盖，上层隔板放着手套、絮巾、组带、绣花镜套。下层底板比较厚，凿了9个凹槽，嵌放了9个小奁盒，都是夹纻胎，有椭圆形、长方形、圆形、马蹄形等。小奁盒上的花纹，也分漆绘、油彩绘和锥画等不同制作方式。这些小奁盒里装的都是她的化妆用品，当然过了2 000年，早就无法使用。

还有一个单层五子奁，里面装有五个圆形小奁盒，以及铜镜、

❖ "妾辛追"印

镜擦、镊、第（小刷子）、笄（簪子）、梳、箟、环首刀等梳妆
用具。有人认为其中的笄其实是拨，因为它和辛追头上的笄的款
式不太相同，拨是用来松鬓的。其中的木箟仅有 5 厘米宽，却有
74 齿，制作相当精细。盒内还有一盘假发，辛追的头顶秃了一小
块，入棺时就已经用假发加以修饰，盒内这一顶是给她备用的。
她头顶的假发由真发制作，盒内这顶为丝质。"妾辛追"印章也
安放在里面，说明这是她的贴身奁盒。

　　三号墓出土了狩猎纹锥画漆奁，上面的花纹比头发丝还细，
需要对着明亮的光线才能看清。盖上和底部都有奔跑的小兔子、
潜水游动的鱼群、展翅凌云的飞鸟，以及匍匐在地的小老鼠。四
周弥漫着云气纹和不同的云凤纹，外壁有云纹、神人乘龙和飞鸟
等图案。其中最主要的画面是狩猎，猎人手执长矛，追逐着两头
奔鹿，一头仓皇逃窜，另一头腾空跳跃。这也许就是墓主人利豨

❖ 彩绘漆奁

❖ 云龙纹大漆盘

生前狩猎的场景，也侧面说明他极其喜爱狩猎。

两个边箱中出土了6个云龙纹漆盘，其中5个底部平坦，是器壁很矮的平盘，最小的一个盘的口径为34.5厘米，最大的盘的口径为59厘米。还有一个与现在的木盆相似，直径达73.5厘米，是马王堆出土漆器中最大的一件。6个漆盘可以叠放在一起，层层相套。花纹以云龙纹为主，画得栩栩如生。

头箱中，出土了一件最为特别的漆器——六博，这也是我国到目前为止发现的第一件完整的六博。博具是古人用来对弈、赌博、玩乐的器具，这件称为六博，因为双方都需要用6个棋子。博具盒上锥画着飞鸟、云气，伴有红色漆绘的几何花纹。博具上画有几何花纹，盒内有长方形、正方形、椭圆形格子，存放着棋子。棋子呈长方形，象牙材质，一共12枚，6黑6白。还有20枚小方块，称为"直食棋"。盒内还有42根像筷子一样的筹码，长的有32根，短的有12根。另外还有环首小刀、木削、木锛等工具。一枚木质骰子涂了黑漆，为球形18面体，其中16面分别刻有一个数字，另两面分别刻着"骄"和"蠹"，大概是赢和输的意思，都是阴刻篆体，涂了红色。

整个博具盒可以嵌在一起，几乎没有缝隙，盒子底部有一个小孔，里面有一个活动木栓，向上一顶，博具就打开了。

那么，这个六博是怎么玩的呢？

根据出土的六博绘画、文字资料来看，它比较类似一种象棋。棋局中间有一方框叫"水"，象征"楚河汉界"。两个人对坐，一人用白棋，一人用黑棋。先将棋子放在棋局的十二道上，然后滚动骰子，根据骰子的数字行棋。双方的6枚棋子都是1大5小，大的叫"枭棋"，小的叫"散棋"。古人说"博者贵枭，胜者必杀枭"，"枭棋"大致类似象棋中的将、帅。东汉六博的玩法，要把"鱼"放在"水"里，然后把对方的"鱼"牵走，每牵一个"鱼"

◆ 博具

❖ 博具

就能获得两个筹码。这套六博中的直行棋，可能就是"鱼"的前身。但是"鱼"和棋子如何并存，以现有的资料还没有办法研究透彻。

　　一些学者认为六博也是一种占卜工具，用以与神明交流。不少汉墓中的图画，描绘了使用六博占卜的场景。三号墓出土的六博是实物，更偏向于它本身的游戏功能，不过从出土的诸多占卜类帛书来看，也许墓主人的确会用六博行占卜之事。

　　因为鲜艳夺目，漆器也成了马王堆出土文物中的招牌明星。在旧物中看到近似新物的面貌，从而感到惊奇，大抵也是一种人之常情。除了对永生的向往，人性也本能地期望着青春永驻。似乎这些器具鲜活的模样，附上了墓主人的精魂，带领后世的观众走进他们生活过的世界。

第十章

丝国遗珍

辛追作为一代贵妇，她的陪葬品里自然少不了衣服。在她的 1 300 多件陪葬品中，光是丝织品就有 150 多件，比重超过了 1/10。其中有单幅丝绸 46 卷，成衣 58 件，包裹器物杂用的织物 20 余段。属于服饰类的有 27 件，其中丝绵袍 11 件，夹袍 1 件，禅衣 2 件，以及裙子、手套、鞋子、袜子、丝巾、香囊、绣枕、镜袋、瑟衣、绣花包袱等。三号墓中丝织物一共有 11 笥，大部分已经残破。

　　这些丝织品，大概可以分为纱、縠、罗、绮、锦等几种。纱是表面有均匀方形孔眼的丝织物，比较轻薄。縠是以强捻丝织造的薄型织物，三号墓出土的四块，看上去皱缩厚实，但其实也比较轻薄，因为表面有谷粒状皱纹，所以称为縠。罗是以纠织法用地经纱、绞经纱和纬纱交织，形成椒形纱孔的丝织物。绮是平纹地上起斜纹花的丝织品。锦是用彩色丝线织出斜纹重经组织的高级提花织物。

我国运用丝绸的历史长达 5 000 余年。因为蚕丝是动物蛋白，难以保存，所以我们真正能看到的古代丝绸制品并不多，马王堆一号墓恰好弥补了这个研究的空缺，并且为研究汉代栽桑、养蚕、缫丝、纺织、染色、印花、刺绣等技术提供了多方面的实物史料。

先从单匹的织品说起，在马王堆出土的织品中，除了有丝，还有编组织物和麻类织物。

编组织物是用两组或多组经线，左右开合交替编织而成，比如一号墓的淡黄色织带、鱼尾纹织带、波折纹"千金"绦。绦是一种装饰衣物的彩色丝带，经编织而成。一号墓出土的绦上写有篆书"千金"，所以命名为"千金"绦，主要用于装饰手套掌面、内棺羽毛贴花绢的边缘以及灰色细麻布边缘。也有一种是无字的红黑波折纹绦，遣策上称之为"繻缓绦饰"。还有一种，是用于捆尸的筒状鱼纹绦带。

这三种绦带都只有经线而没有纬线，用一组左经线和一组右经线呈 45°相互编织，利用双层组构原理，编成图案和文字花纹。这种绦带只能用手工而不是机器编织完成。那么，上面所写的"千金"是什么意思呢？这个"千金"和我们今天熟知的"千金小姐"应该有所不同，大概在明清小说、话本中，"千金"才开始指代未出阁的大家闺秀。从《史记》当中出现的几处"千金"来看，"千金"指珍贵、富贵的意思。把它写在绦带上，以证明她身前的富庶，并祝福她在死后的世界依然这么富有。

出土的麻类织物较少，都是平纹织物。细麻布为纻麻纤维，

粗麻布为大麻纤维，捆扎竹笥的麻绳为苘麻纤维。纻麻是楚地特产，一号墓出土的白色纻麻布，长达 51 厘米，总经数达 1 836 根，制作工艺非常精细。另有灰色纻麻布，表面留有乌亮的金属光泽，这说明是用滚动碾转工具加工而成。

马王堆也出土了大量的锦类织物，锦是用几种颜色的经纬线织成花纹图案的提花织物。根据纹路来分类，马王堆的锦类织物有平面几何纹锦、凸花几何纹锦、茱萸花纹锦、隐花波纹锦、隐花花卉锦、红青矩纹锦、龙纹锦、豹纹锦、几何纹绒圈锦。

其中绒圈锦最为特别，它类似于天鹅绒。很多人认为这种织物起源于晋代或东汉晚期，或者可能是元明时期从海外传来的。西汉时期的著作提到过"絓"，其意思是如刺一样的绢帛，也就是绒织品，马王堆出土的绒圈锦佐证了西汉时期著作的说法。

马王堆一号墓出土的服饰上大量使用绒圈锦，比如丝绵袍的

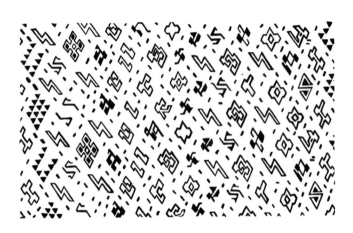

✳ 几何纹绒圈锦纹样

领子、袖口都有，衣带、香囊、镜衣底、几巾上也有。它的制作
工艺也非常复杂和高级，经丝用二色或三色，纬丝用单色。经丝
有四组，一组为底经，两组为地纹经，还有一组用比较粗的绒圈
经。底经和纬经组成锦面的底子，两组地纹经交叉，绒圈经则用
来起绒。如果织幅为50厘米，总经数可以高达8 800~11 200根
之多。东汉王逸在《机妇赋》中写到了绒圈锦的复杂制作工艺，
纺织机后要有一个高达3汉尺的提花机，机架前多悬综面，增加
脚踏，把地纹经和绒圈经排列组合。织花过程需要3个人一同参
与，挽花工作在提花机上进行，按设计好的图案挽花提综，机台
的织工专门从事织纬。

马王堆出土的服饰和丝织品中，绝大多数都经过染色，一共
出现了36种颜色。除了常见的朱红、深蓝、深红、浅棕、深棕、

藏青、黑、朱黄、金黄、浅蓝、深绿，还有蓝黑和金棕这种比较少见的颜色。染料分为两种——草染和石染，也就是植物染料和矿物染料。像我们比较熟悉的朱红，就来自矿物染料朱砂。从战国时期开始，我国就已经有植物染料的种植记载，《史记·货殖列传》中也写道，种植千亩卮（通"栀"）茜的收入可以匹敌"千户侯"。栀和茜是两种植物，都是重要的红色染料，可见当时植物染料种植业的经济效益极好，社会需求量很大。

上色的方法一般有两种：一种是织染法，用丝染色后再织成绸缎或刺绣；另一种是匹染法，用已经织成的绸缎去染色。工艺方面也有两种：一种是浸染法，就是把染料煮沸加上黄矾，将丝或绸缎浸入其中，再晒干；另一种是套染法，即先染底色，然后再盖上另一种颜色，如此反复调制出满意的色彩。

在这些常见的染色技巧的基础上，古代劳动人民又发明出了印花技术。一号墓的泥金银火焰印花纱，相当漂亮，深灰色方孔纱的底组织上，布满由均匀纤细旋曲的银白色线条组成的火焰纹，以及金色小点构成的迭山形图案。单元图案由三块凸纹版分格套印，这是到现在为止发现的最早的三版套印花织物。还有一种印花敷彩纱，即在轻薄的纱上进行印染和彩绘。

染色之外，还有大家比较熟悉的一种装饰方式，那就是刺绣。马王堆汉墓出土的刺绣衣物及用品近50件，这些绣品是先在织物上墨绘线图，再用"锁绣""打籽绣""平针铺绒绣"等针法刺绣而成。锁绣法也称为辫子股绣，用独立的针线绕成环状，使前后相扣形成链带，由此绣出图案，这是一种较早就开始流行的绣法。打籽绣法是西汉时期才出现的，以刺出平面的线紧贴平面绕圈打结，再将线原地刺下，形成粒状。平针铺绒绣，是用长针将线平直铺满，自一边开始绣到另一边，针脚需要极其整齐。后来由于一些变化，衍生出齐针绣、铺针绣、套针绣等。

其中有一些极具代表性的绣品。

黄色对鸟菱纹绮地"乘云绣"，是一种用于制作服饰的衣料。这种衣料选用朱红、棕红、橄榄绿灯丝线，以锁绣法在绮地绣出漫天流云，因其云气中隐约可见凤鸟，所以称为"乘云绣"。

烟色菱纹罗地"信期绣"，也是服饰用料。罗地上用朱红、棕红、深绿、深蓝和金黄等丝线，绣出流云、卷枝花草和长尾小鸟。因为墓中遣策称这种绣品为"信期绣"，所以有人推测小鸟可能是燕子或某种候鸟，它们每年在固定的时间归来，称之为"信期"，即遵守约定的意思。此外，"信期绣"还有黄色绮地、黑色罗地、藕色纱地。

♦ 黄色对鸟菱纹绮地"乘云绣"

黄色绢地"长寿绣",也是服饰用料,其特点是在织地上用浅棕、橄榄绿、紫灰、深绿灯丝线绣成变形云纹、花蕾和枝叶。云彩间似露出鸟兽,也许是一种龙,有长寿的寓意。此外还有绛红绢地"长寿绣"。

黄色绢地茱萸纹绣,是用朱红、浅棕、棕和深蓝四种颜色的丝线,在绢上绣出茱萸。传说茱萸有驱邪避灾的功效,这种绣纹也带有吉祥的寓意。

黄色绢地方棋纹绣,即在绢上用彩色丝线绣出长宽各为3厘米的斜方格,方格内再绣圈点,组成四方连续图案。这种纹

烟色菱纹罗地"信期绣"

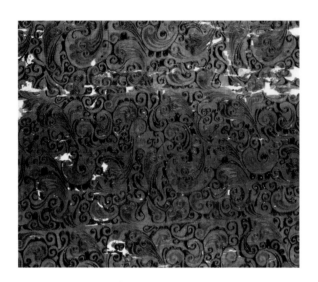

✤ 绢地"长寿绣"

✤ 绢地茱萸纹绣

❖ 铺绒绣残片

绣中形成的圈，使用的就是打籽绣法。

树纹铺绒绣，是来自一号墓内棺的装饰品。这种织物先用红色、黑色、烟色三种颜色的丝线在褐色绢上绣出长宽各为4厘米的黑色斜方格，然后在其中绣红色和烟色树纹。这一件绣品由平针绣成，其绣法与其他锁绣针法不同。

既然已经有了这么丰富的织品技术和式样，马王堆出土的实际衣物自然就是种类繁多，其中有一件称得上镇馆之宝，甚至可以说是汉代出土的所有丝织品中的佼佼者。

中国传统衣物的发展也有一个过程，秦汉时期的服饰面料很注重锦绣，同时衣物也被用来区别不同的阶级身份。依据汉代的舆服制度，从皇帝到群臣的礼服、朝服、常服有20多种。马王堆出土的衣物基本属于秦汉时期流行的袍服，它来源于春秋战国时期的深衣。深衣就是把着于上身的"衣"和穿于下身的"裳"（裙）缝合到一起的衣服，说起来我们现在的服饰，就是把深衣又切割了。但深衣比较费工费料，与实际常用的便服还是有一定差别。秦汉袍服继承了它的基本式样，并在此基础上有所发展。

陕西临潼出土了大量秦朝文物，像举世闻名的兵马俑、铜车马，以及其他一些秦俑造像，都呈现了秦朝服制的基本状况，前可对比战国时期，后可对比马王堆出土的汉朝初年衣物。秦朝军服、劳动者衣装与战国时期差异不大，常见的男女服饰没有太大区别，都是交领、右衽、衣袖窄小，衣缘和腰带多装饰彩织，花纹很精美。

到了汉朝，统治者为了巩固自己的地位，要求服装制式与前朝有所区分。汉朝女服和男服都更便于活动，有宽大的下摆。

马王堆一号墓出土了 50 多件衣物，其中有 15 件衣袍是研究汉代服饰的重要实物。大部分衣服都用绢制作，粗绢用于衣里，细绢用于衣缘，纱、绮、罗这种比较高级的织物用作衣面，并装饰绣花或印花。最为高级的锦，基本只在衣服的缘饰部分出现。

出土的袍总计 12 件，绵袍 11 件，夹袍 1 件，保存较为完整的是表 10-1 中的 6 件。另有禅衣 3 件，其中 2 件稍残破，单裙 2 件，夹袜 2 双。禅衣作为本章节的重头戏，到最后再详述。

表 10-1 一号墓保存完整的衣物（单位：厘米）

序号	名称	身长	通袖长
1	朱地罗曲裾丝绵袍	140	245
2	褐色罗地"信期绣"曲裾丝绵袍	150	250
3	黄色罗地"信期绣"曲裾丝绵袍	150	243
4	黄色纱地印花敷彩直裾丝绵袍	130	250

序号	名称	身长	通袖长
5	黄色纱地印花敷彩直裾丝绵袍	132	228
6	绛红纱地印花敷彩直裾丝绵袍	130	236
7	素纱曲裾禅衣	160	195
8	素纱直裾禅衣	128	190
9	白绢直裾禅衣	140	232
10	绛紫色绢裙	87	145（腰宽）
11	黄色绢裙	87	143（腰宽）
12	绛紫色绢袜		
13	素色绢袜		

这 12 件袍服基本都是交领右衽式，外襟有曲裾、直裾两种，曲裾 9 件，直裾 3 件。表面用料以罗绮最多，有 7 件。另有罗绮地"信期绣"4 件，印花敷彩纱 3 件，绢地"长寿绣"1 件，残破绢面 1 件。除了 1 件印花敷彩绵袍是用纱做里子，其余都是用绢。有 8 件袍缘用绢，3 件用绒圈锦。

以褐色罗地"信期绣"曲裾丝绵袍为例，这件绵袍为曲裾，交领，右衽。"信期绣"用褐色菱纹罗绮面、素绢里、缘用绒圈锦并装饰白绢窄边。除了袍缘是后加上的，由上衣、下裳两部分组成，里和面的分布完全一致。

上衣部分，正裁六片，计身部两片，各宽 1 幅（布帛的宽度）。两袖各两片，其中一片宽 1 幅，一片宽半幅。六片拼合后，将腋下缝起，称之为"格"。领口挖成琵琶形，袖口宽 28 厘米，

罗地"信期绣"丝绵袍

差不多是汉制一尺二寸，袖筒比较宽大。

下衣部分，斜裁四片，各宽 1 幅，按背缝计，斜度为 25°，底部略呈弧形。里襟的底角为 85°，穿着时掩入左侧身后。外襟的底角为 115°，上端长出的衽角为 60°，穿着时裹于胸前，衽角折到右腋后。

袍缘部分，斜裁，领缘用四片绒圈锦拼成，各宽半幅。外襟下侧的绒圈锦缘由三片拼成，其中两片宽 1 幅，一片宽半幅。底边的绒圈锦缘由三片拼成，其中两片宽 1 幅，一片宽半幅，另加两个斜角。里襟的侧边无缘，袖缘的宽度和袖口的宽度差不多，由三片绒圈锦拼成，各宽半幅。领、袖、襟和底边的绒圈锦缘之外，有 5 厘米宽的窄绢条，都是从袍里的边缘翻出来的。

衣片之间都用平针缝合，显露在表面的针脚比较小，长 1.5 毫米左右，隐藏在袍里的针脚比较大，为 4~5 毫米。面上的"信期绣"图案，应该是在袍面缝制后再绣上的，因此包缝在袍缘下的罗绮面上没有花纹。

从出土的实物来推断，制作一件直裾袍需要 23 米织料，大概是汉制 10 丈，制作一件曲裾袍需要 32 米，为汉制 14 丈左右。

墓中保存比较好的袍大多是曲裾，并且用料都更高级一些。

两件单裙的形制相同，都用四片宽1幅的绢缝制。四片绢也都是上窄下宽，其中两片宽度相同，比较窄。两侧的两片宽度也相同，比较宽。上面部分加裙腰，黄色绢裙两端延长为裙带，绛紫色绢裙左侧的裙带是另配的银褐色纱。古书中记载的陪葬裙应该是前三幅后四幅，很明显和实物不太一样。

表10-1中的2双袜子，也是很重要的出土文物。有袜当然也有鞋，一号墓还出土了4双鞋，三号墓有1双。这2双袜子形制相同，齐头，勒口（袜口）后开，开口处附有袜带。2双都用绢缝制而成，缝线在脚面和后侧，袜底无缝痕。袜面用的绢比较细，袜里用的绢比较粗。其中素绢夹袜的袜带是绢，绛紫色夹袜的袜带是纱。

一号墓出土的4双履形制相同，都是双尖翘头方履。辛追穿的一双青丝履保存得最为完整，长26厘米，头宽7厘米，后跟深5厘米。履面由丝缕编

❖ 朱色凌纹罗手套

❖ 绛紫绢袜

❖ 丝履

织、平纹、纬线较粗，织纹有明显的方向性，出土时呈菜绿色。底用麻线编织而成，也是平纹，出土时呈浅绛色。衬里用绛紫色，鞋帮是人字纹编织，鞋垫为平纹。另外3双大致也是如此，但是保存情况很差，基本变形了。

三号墓出土的1双男士青丝履，来自内棺，估计也是穿着在三号墓主人身上的。这双履已经残破变形，方头，尖稍上翘，用料和辛追的鞋一致，但为黑褐色，可能男人还是需要穿得素一点。履长26厘米，头宽10厘米，后跟深5厘米。

为什么说出土的鞋袜很重要？仔细看辛追的鞋袜尺寸，她的鞋长达26厘米，袜长达23.4厘米，这代表她的脚是天然的，没有经过缠足。侯良先生说在他带人参观、讲解的时候，经常会有人问辛追有没有缠足。人们知道没有后，第二个问题就出来了：女性什么时候开始缠足？大致来说缠足始于五代时期，在宋元时期成为一种陋习。康熙三年（1664年）皇帝下诏令禁止缠足，康熙七年（1688年）就作废了。民国时期很多边远乡下的女子还在缠足，侯良先生的河南老家在1935年还有这个陋习。

侯良先生说，现在"小脚女人"成为一个警醒人的词语，提醒那些墨守成规、因循守旧的人不可以故步自封，这可能是女性缠足留下的唯一益处。这是他独特的幽默逻辑。

一号墓还出土了3副手套，可以看出辛追的行头多么齐全。它们形制相同，都是露指式直筒夹手套，两副为罗绮掌面，1双为绢地"信期绣"掌面，指部、腕部都是绢。掌面上下两侧，都用"千金"绦装饰。

以素罗绮手套为例，掌面部分是正裁，缝在拇指上下。指部和腕部都是斜裁，用宽为1/4幅的素绢窄条，按螺旋方式缝合成筒状，再折为里、面两层，所以手套的上下两口都没有缝合痕迹。拇指部分则是另加的，口和上侧有缝合痕迹。

表10-2　3副手套各部位的尺寸（单位：厘米）

器号	名称	长	上宽	下宽
443–2	素罗绮手套	26.5	8	8.8
443–3	朱红罗绮手套	25	8.2	10
443–4	"信期绣"绢手套	24.8	9.4	11

不过辛追没有冠，冠是有官职的人才能拥有的。前面已经提过的三号墓出土的漆纚纱冠，它用左右两组、每组两根的经线，开合交替编织，编织较为稀疏，显出方孔，孔的大小非常清晰。垂翅两端留有系带用的小圆孔，表层涂有黑漆，显得硬挺，但其实已经酥脆了。冠通高27厘米，宽约15.5厘米，两侧垂翅长8厘米。这顶纱冠在一定程度上证明墓主人的身份是武将。王冶秋先生指出，因为纱冠价值极高，又不易保存，需要藏在库房里，所以只有国家部长级以上的领导来了，才能参观。当时也试图找专家复制，但是没有适合的原料。

纱冠旁还有一顶小冠，这顶小冠已经残破不全，用褐色纱料。从残存的形状来看，长宽各11厘米，上下分别对折4厘米与2.5厘米。下端连结呈三角形的长27厘米、宽2厘米的双层纱系带，

漆纚纱冠

带下垂于 25 厘米处交叉打一方形结，结下还有 12 厘米长的系带，系带与冠相连处有两个圆形结。另外几块冠纱残片都有纵向小折痕迹，里面有铁丝起支撑作用。旁边还有 5 根三角形结纱带备用，长短、宽窄有一点点差异。这顶小冠可能是利豨日常戴过的，也可能是他最爱的一顶。

终于到了本章重中之重——禅衣。一号墓出土的禅衣一共 3件，其中有 2 件素纱禅衣，1 件白绢禅衣。素纱禅衣中 1 件是直裾，保存完整，2 件是曲裾，残破。禅就是没有衬里的单层薄长袍，非常轻便。

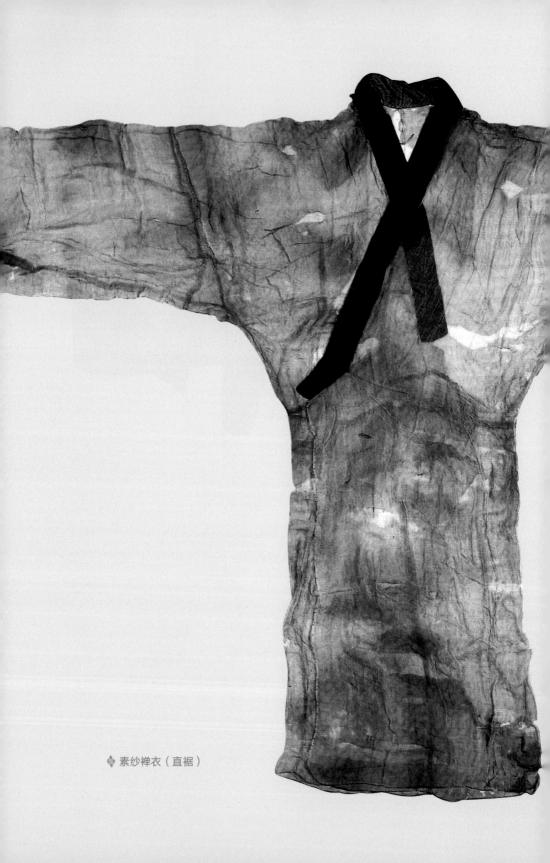

素纱褝衣（直裾）

表 10-3 3 件禅衣各部位的尺寸（单位：厘米）

器号	名称	身长	通袖长	袖口宽	腰宽	下摆宽	领缘宽	袖缘宽	备注
329-5	素纱禅衣	160	195	27	48	49	7	5	重 48 克
329-6	素纱禅衣	128	190	30	49	50	5.5	5.5	重 49 克
329-9	白绢禅衣	140	232	25	50	75	20	32	

　　素纱禅衣之所以珍贵，是因为它轻如蝉翼。1 件 48 克，1 件 49 克，2 件加起来都没有 1 两重。《诗经·郑风·丰》中就写"裳锦褧裳，衣锦褧衣"，褧衣就是禅衣，句中写的是女子身穿锦缎嫁衣裳，外披薄薄的禅衣。可见，禅衣是用来修饰服饰的，形成一种若隐若现的薄雾效果，可以说是富贵人家才用得起的一种时尚单品。据《汉书》记载，曾经祸乱宫廷的巫医江充，初见汉武帝时请求以便服觐见，他所穿的便服就有禅衣。史书中写他是"充衣纱縠禅衣，曲裾后垂交输，冠禅纚步摇冠，飞翮之缨"。汉武帝见他，觉得真有仙人的飘然神采。江充可是差点毁了汉武帝的

晚年声誉，害死了太子刘据，导致皇后卫子夫自缢，这样看来禅衣算是古代服饰里的"红颜祸水"了。我记得北京法海寺壁画当中，也有类似的薄纱，画家技巧高深，竟然能将这种视觉效果勾画出来。

从制式上来说，禅衣来源于深衣，但又与其不同。深衣最大的特点是衣和裳缝合，而禅衣是上下相通的，避免了深衣的臃肿，也节省了布料。白绢禅衣的形制和缝制方法与曲裾绵袍相似，面为单层，缘为夹层，襟下侧和底边的缘内絮 4.5 厘米宽的一层薄丝绵，可以让下摆看上去更为挺直。而素纱禅衣的形制和缝制方法与绵袍不同，现在展出的较为完整的直裾禅衣的上衣部分正裁四片，各宽 1 幅，下裳部分也是正裁四片，各宽大半幅，两袖没有胡，袖缘和领缘都比较窄，底边没有缘。

侯良先生说，当时特别拜托南京云锦研究所等单位复制素纱禅衣，但是无论怎样制作，重量就是超过原件很多。最后发现，问题出在蚕丝上，因为蚕进化了，且现代的气候比古时候热很多，所以桑叶纤维的粗细就不同，蚕吐出的丝也就重了。他们从养蚕开始介入，终于制出了重量相当的仿品。

还有一件逸事，就是原本在编著《长沙马王堆一号汉墓发掘简报》的时候，把"禅衣"写成了"禅衣"。周恩来总理审阅的时候，特别点出了这个错误，禅衣是宗教相关衣物，正确的写法应该是禅衣。[1]由于周总理的认真、细心，没有造就又一个因谬传

---

[1] 事见侯良编著《神奇的马王堆汉墓》（中山大学出版社 1990 年版）第 29 页。

而成正名的美丽误会。现在博物馆用"单衣",从博物馆学的层面来说,是为了方便大众认识、了解这件文物。其实,"禅"的意思就是"单衣",可引申为单层、薄、轻等意思。

最新的研究对马王堆出土但未整理的丝织品进行了系统性清库,发现菱纹绮中有织入的文字,是用篆隶字体书写的吉祥祝福的话。2022 年,专家经整理发现了"安乐如意,长寿无极"这句话。专家原本在长寿绣织品中只发现龙纹,现在又新发现了凤鸟纹。尽管已经出土半个世纪,马王堆似乎还暗藏着不少秘密。

第十一章

一画入魂

我已经不记得小时候跟侯良先生去过几次省博物馆，印象最深的一次是我读高中时，他已经是博物馆的义务讲解员，我带同学去听他的讲解。对于他的大部分讲解词我也印象模糊，还有一个同学说根本听不懂他的口音。唯有他对一件文物——T形帛画的讲解，清晰地留在了我的脑海里，我从来没有忘记。

　　一来可能是因为这幅画实在太过漂亮，我读书时的历史课本封面还使用了它；二来就是它描绘的故事跟神话有关，我本能地热衷于神话，他的解说不自觉地成为我潜意识中的一部分，被我牢牢记住。由于这份记忆，T形帛画是马王堆所有出土文物里我最喜欢的一件。

　　出土的T形帛画一共两幅，分别来自一号墓和三号墓，都覆盖在内棺之上。画中内容基本一致，最主要的差异是中间的主人公不同，一号墓帛画中是辛追，三号墓帛画中是她儿子。一号墓帛画保存最好，三号墓帛画稍破损。因为帛画呈"T"形，所以称为T形帛画。对于它的正式名称和用途，学界有长达数十年的讨论。

墓中遣策记载"非衣一，长丈二尺"，对应到具体文物，"非衣"应该就是T形帛画。因为"非"可以通"菲"，菲是古代用来遮门的草帘，所以有人认为T形帛画是挂在棺上遮蔽用的衣物。别的墓葬出土过"飞衣"，有人推测"非衣"可能是"飞衣"——汉晋时期妇女穿着的较大的衣物。但也有人认为，"非"的意思应该是类似衣物的东西。

另外一种说法是，T形帛画属于旌类。旌旗制度是古代丧葬文化中重要的一部分，典型的旌类就是铭旌，即悬挂在灵柩前写有逝者身份地位的长幡。有专家学者认为，T形帛画就是一种铭旌。但侯良先生的书稿，采用的说法是《马王堆一号汉墓彩绘帛画名称的考察》中提出的廞旌，它是一种引导陪葬的明器跟随亡魂而去的旗帜。

为器物的名字寻找准确的定论，是为了以此推导出它的功用。似乎无论T形帛画是飞衣还是旌类，其功用都跟墓主人魂归何处相关，一是因为它出现的位置，二是因为它的内容。

以一号墓帛画为例，它的底为细绢，出土时已经成了棕色，本来应该是较为鲜艳的红色。画幅全长205厘米，上部宽92厘米，下部宽47.7厘米。顶上横一根竹竿并系以丝带，下部四角各缀一条20厘米长的麻穗。

画中内容也有几种不同的说法，有人说分为两部分，有人说分为四部分。我采用侯良先生跟我讲的说法：画中是天上、地下、人间三部分。画正中有一个雍容华贵的老妇人拄着拐杖，身着云纹绣花长袍，头上饰有白珠，这是汉代贵妇的标准打扮。她身后跟着三个侍女，前面有两个男子跪着迎接，也许是汉代方士。其代表辛追正在方士的庇护下，去往另一个世界。

人间这一部分有帷帐、庭堂，庭堂中摆着鼎、壶等饮食器皿和喝酒的耳杯，两边对坐着六个人，还有一人站在一侧，旁边放着一张大食案，上面覆以丝巾，是用来端送食物的。表现这类场面的图像称为宴飨图，宴飨就是喝酒作乐的宴席，但是在这个情境下，则是鬼神享受祭祀的盛宴。

通往天国的部分画有天厥，也就是天门，它有明显的汉阙特征。厥顶上踞着双豹，门边有神人把守，似乎在等着老妇人进来。有人认为这两个神人不是侍卫，而是《楚辞》里的大司命与少司命，即掌管生死的神明。画的顶端——天国的正中央，有一个人身蛇尾的长发神仙。人身蛇尾是中国传统神话中一个很著名的形象，尤其是在先秦神话中。最为典型的就是女娲、伏羲，两人兄妹通婚，蛇尾相连如同DNA，所以画中这个神仙可能是女娲或伏羲。也有人说这个神仙是烛龙。烛龙出自《山海经·大荒北经》："西北海之外，赤水之北，有章尾山。有神，人面蛇身而赤，直目正乘，其瞑乃晦，其视乃明，不食不寝不息，风雨是谒。是烛九阴，是谓烛龙。"这一段的意思就是西北海外，赤水北边的章尾山，有神明长着人的脸，有红色的蛇尾，眼睛是竖立生长的，闭眼就会天黑，睁眼就会天亮，不吃不喝不休息，能调动风雨。另外一种说法是画中神仙是泰一（太一），这个神祇在

金乌

扶桑树上的太阳

乘龙女子

弯月、蟾蜍、玉兔

天阙上的神人与双豹

辛追夫人在方武庇护下去往天国

乌龟、猫头鹰

◆ 马王堆一号汉墓T形帛画

鬼神享受祭祀的盛宴

大力士、鳌鱼

秦汉时期较为流行，但后世逐渐消失。"神"是天神，"祇"专指地仙，合起来是天上地下的神仙。

画中左侧有一轮红日，里面有一只金乌，红日下面有一棵扶桑树，其上有 8 个小太阳。这似乎正符合后羿射日的传说，天空有 10 个太阳在扶桑树上。但是画中少了一个太阳，这个问题侯良先生等人曾经请教过郭沫若先生，郭沫若先生说也许有一个躲在了树叶后面。也有学者将整个帛画解释为阴间世界，所以这里的九日不在天上，而是被后羿射下落入阴间了，称为"九阳代烛"，对应"十日代出"。

画面左上角有弯月、蟾蜍和玉兔，月下有坐在飞龙翅膀上的女子，也许是跟后羿射日呼应的嫦娥奔月的故事。另一种说法认为这不是嫦娥，因为古人认为嫦娥奔月后变为蟾蜍，月里蟾蜍已经代表了嫦娥，她不可能在一幅画中出现两次。有学者认为这个女子是飞升后的辛追灵魂，相对应地，三号墓T形帛画中同一位置的男子，为三号墓主人飞升的灵魂。不过从画作的阴阳对称逻辑来看，我不太认同这个说法。

画面下部分有两条交叉的大鳌鱼，相传它摆尾就会造成地震。鱼上有一个裸背大力士，他在支撑着地壳。两边各有一只乌龟，其上还站着猫头鹰，似乎在守护着死者。《楚辞·天问》中写的"鸱龟曳衔，鲧何听焉"，引用了鲧禹治水的传说。鲧是大禹的父亲，鸱龟劝鲧去盗息壤治水，息壤是一种可以自行无限生长的泥土，因此有专家认为这个地下的大力士就是鲧。可能跟南方湿润有关，画在此处庇佑墓葬不被水侵害。

三号墓与一号墓的T形帛画有少数几处不同。天宫中间的神祇形象下方有一块平板，其上陈设着七个盒子。两侧各绘有神仙骑着大鱼，古人认为鱼可以变成神仙，所以有鲤鱼跃龙门的传说。《淮南子·坠形训》中也写过，南方人死而复生，会化身成鱼，画鱼比较符合楚地特色。平板下方左右各有一个骑偶蹄动物的仙人，可能是《山海经》中所写的神兽蛮廉或吉量。一号墓帛画中也有这种神兽，但骑在它们身上的不是仙人而是怪兽。

　　帛画下部两侧，各绘有两龙交缠，一号墓帛画中只有两龙。而在地下部分，两侧的大龟身上背负的也不是猫头鹰而是方形物，从鲧禹传说来看可能是息壤。不过神话中也有神龟背青泥帮助大禹治水的故事，有学者认为两幅帛画中地下的大力士就是大禹，大禹死后化身为后土，也就是传说中掌管地下的土伯。

　　两幅帛画中其实有不少鸟类图案，但很容易被忽视，因为除了金乌，它们相对于龙、蛇（人身蛇尾神仙）而言所占比例较小。在古代信仰体系中，鸟类图案也是非常重要的，可以追溯到东夷文化。地下世界出现的猫头鹰，还有大雁、不明显的凤凰喻义较为明确。大雁在楚文化中是吉祥的象征，可能因为是候鸟，所以与信期绣中燕子的意义相似。

　　侯良先生所提供的是一种较为直观的推测，将画中的信息与神话、古籍比对，从而得出较为合理的解释。有不少专攻这一领域的学者，会进行更深层次的分析和解构，得出几乎背道而驰的结论。姜生先生在《汉帝国的遗产：汉鬼考》中，就重点分析了T形帛画，提出了一些不同的见解。他认为地下部分象征水的

神仙骑大鱼

天神、盒子

仙人骑偶蹄动物

大力士

两龙交缠

世界，水属阴，因而出现鱼形图案，核心区域的大力士则是太阴之神、北海之神禺强。他举着的菱形案板象征着蓬莱——他所掌管的仙岛，而案板摆放的是仙药。大鱼、蛟龙都想阻挠他献上仙药，所以被他踩在脚下。对于天宫中的图案，姜生也给出了较为不同的解释。首先，他认为九个太阳象征着九重天，是纯阳之地，与下方的太阴冥府形成对应关系。其次，他认为天宫中央的人身蛇尾神祇，不是女娲、伏羲或任何已知的神话人物，而是成仙的辛追。他的说法自有一套理论体系支持，在后面的章节再进行详细阐释。

不少论文中都提到画中两龙交织呈现的壶形。我猜测这种表现手法可能与母系氏族的生殖崇拜有关，因为壶形与子宫形象相似，于是这种生殖崇拜的理念最终投射到了壶这种器具的形态上。比如壶用来装水，水来自地下，所以壶形连接地面。水也是古人认知中的万物之源之一，这种认知可能来自对胎儿处于子宫羊水中的观察。

不论从何种角度解释两幅T形帛画呈现的信息，画的主角都是墓主人。只是他们的去处有所争议，部分学者认为这是在"引魂归天"，部分学者则认为这是"招魂复魄"。我还看到另外一种说法——"合魂魄"，不是魂往上走而魄往下走，而是魂魄要合二为一，"合魂魄"是一种古老的巫术仪式。学者对T形帛画结构的认知也比较一致，即将死后世界想象为若干界域的拼合，巫鸿先生称之为一种"宇宙观"。也有学者认为T形帛画传递的信息没有那么复杂，很多方面与神话的记载不同，可能是因为画由一般工匠绘制。东汉魏晋之前，不存在明确记载的独立艺术家，也就是说官吏阶级还没有精通作画技艺，至少从出土文物来看是这样，可以说顾恺之是第一个名字和作品被记录在册的官吏阶级画家。所以绘制帛画的工匠可能没有较高的文化程度，描绘的神话题材多为道听途说、模仿古制，和书籍的记载有出入。我认为T形帛画可以代表整个马王堆墓葬的精神核心，它喻示了当时的人对死后世界的想象，这也就是当时人的信仰。这幅画不能单单从画的内容来分析，而是需要结合整个墓葬来欣赏。

山东临沂出土了汉武帝时期的6幅帛画，其中两幅较为完整。这些帛画的绘制结构与马王堆T形帛画相似，有学者认为虽有区别，但具明显的承袭性。联想到第四代轪侯曾任东海太守，也许是他携带的家丞、佣人将这种帛画绘制理念带到了东海郡。

除了T形帛画，三号墓还出土了4幅重要的帛画。

棺室西壁挂有一幅彩绘帛画，长212厘米，宽94厘米，描绘着非常壮观的车马、仪仗场面，因此被命名为《车马仪仗图》。全画大概可以分为4个部分，画中上方有一个人头戴刘氏冠，身穿长袍，腰挂宝剑，后面有几个侍卫为他执持伞盖，因此这个人应该是墓主人。他身后还有一行70人，他们应该是部下，均手执长戈，身穿红、白、黄、黑等颜色的袍服。再下面一行近30人，手执彩色盾牌，应该是卫队。

前方有土筑高台，古代称之为"坛"，主要用于检阅和祭祀活动。画面表示墓主人及其随从正在登坛视察，百多人组成的方阵在左下方，上面一方40人，其他方各为24人。上下两方均垂手

❖ 车马仪仗图

肃立，左右两方则手执长矛，他们全都面向墓主人。左方阵中间摆了一个乐队，其中两个人正在击建鼓。建鼓是一种大鼓，有一根柱子横穿鼓腰，柱上端为华盖，鼓腰绘有五彩花纹。另外两个人在击铙铎，表明他们在进行一种仪式。

右上方有一车队，共4列车，每列10余辆，每车驾有4匹马。赶车人坐在舆内，车骑后面有一列"马头"。这是一种"冰山"画法，说明后面还有源源不断的人马。右下方是骑兵队，每列6匹马，一共14列，两侧之外还有骑马的将士，合计有100匹马。

墓中遣策记载："执盾者六十人，皆冠画……执短戟六十人，

皆冠画。"帛画的内容与遣策的记载基本一致，所以画中人马车队可能和真实的状况对应，是墓主人生前检阅军队或者出征的场面。这幅画的内容非常复杂，场面庞大，人物众多，非常考验画师的细节把握技巧和构图能力。

这幅画的内容也可以与墓中遣策的记载及史书中的车骑制度对照来看。墓中遣策表示墓主人朝会时乘坐"安车一乘"，安车是可以坐的车；作战时乘坐"大车一乘"，大车也就是战车，这些都驾六马。还有驾四马的"温车"和"辌车"各两乘，分别是冬、夏两季用车，平时乘坐的轻便小车"轺车"驾三马。文献记载秦汉时代只有天子能驾六马，墓主人也不一定是僭越，文献和实际礼制是会有出入的，但也可以侧面证明墓主人身份尊贵。

《汉帝国的遗产：汉鬼考》认为这幅画是墓主人升天后，众仙官迎接他的场景。我不大认同这个说法，一是帛画的内容与墓中遣策的记载对应，二是一号墓和二号墓中都没有出现类似的帛画，孤证不立。

跟《车马仪仗图》一样可以证明墓主人军官身份的，还有《地形图》和《驻军图》。

《地形图》绘制于汉文帝时期，是我国发现的最古老的地形图。古代的地形自然与军事息息相关，汉朝初年，南越国割据一方，长沙国是抗衡南越国的前线，因而就有了这样一张《地形图》。

这张图是正方形，长宽各 96 厘米，方位的确定和现在的地图正好相反，是上南、下北、左东、右西，可能这是当时的看图习惯。地图所示范围大致为东经 111° 至 112° 30′、北纬 23° 至 26°，相当于现在的广西全州、灌阳一线以东，湖南新田、广东连州一线以西，北边止于新田、全州，南面直达广东珠江口外的南海。比例尺为 1：190 000 至 1：170 000，图上 1 寸代表实地 10 里左右。部分专家认为，它的正名应该是《西汉初期长沙国南部深水（今潇水）流域地图》。

大概为了军事运输的需要，图上的水系画得非常详细，大小河流有 30 余条，至少有 9 条标注了名称。

营水，现在叫濂溪河，上游是营山的营溪及都庞岭的大江源。

❖ 地形图

春水，同现在的春水或钟水，所城以南称为舜水。

潇水，现在叫潇水，由4条水道汇合而成。一条是黄沙源，中经九嶷为九嶷河。第二条是"泠水源"，现名为泠水。第三条是巽水支流，叫罗水，今名溪水。第四条，名为仁泽水。

垒水，今名冯水，又叫岭东河。

临水，今称萌渚水或西河。

参水，由双江河、泡水汇合而成。

部水，今称掩水或永明河。

图上河流都用粗细均匀的线来表示，线由源头的0.1厘米逐渐加粗到0.8厘米，河流主次关系非常明确，弯曲自然，跟现代地图相比差异不大。

有河流，自然也有山川。这一地区山脉纵横交错，山岭盘结成簇。右侧观阳、桃阳一线竖直延伸到都庞岭，画得简单明了。南部地势复杂，山脉脉络分明，可以看出南面是珠江水系，北面是长江水系。左侧九嶷山回旋盘亘，除了用粗的山形线表示山体范围，还有鱼鳞纹的涡纹线层叠交错，显示峰峦起伏的山势，有点类似现在的等高线画法。东面有7个柱状符号，表示各峰巅的高矮；南有9个柱状物，表示九嶷山的九峰；下有隐约可见的建筑物，旁注"帝舜"。《史记》中记载舜帝南巡驾崩，就葬于九嶷，这里可能是舜庙。

全图可分为主区和邻区，主区的城邑、山脉、水道以今湖南省道县（营浦）及潇水流域（古深水）为中心。其中山脉以九嶷山为中心，东南边包括今南岭的萌渚岭，西边则以都庞岭为界。

今全县（古桃阳）、灌阳（古观阳）及钟水一带为邻区，广东南海一带则是远邻区。

画中标注了57个乡里、8个县。县城用矩形符号表示，乡里用圆形符号表示。除了桂阳和龁道还需要进一步考察，其余几个地名都找到了对应的古城遗迹。在考古挖掘中，也发现了刻有部分地名的印章，其与地图所示地名对应。湖南4个：营浦（道县）、南平（蓝山古城）、春陵（宁远县栢家坪）、泠道（宁远县东城）。广西2个：桃阳（全县）、观阳（灌阳古城岗）。广东1个：桂阳（连州）。湘、粤交界处1个：龁道（蓝山所城一带）。

这张图应该是墓主人生前用于排兵布阵、调兵遣将的地图，现在成为研究汉代地理、历史的重要史料。

《驻军图》（湖南博物院将之命名为《长沙国南部驻军图》）则标注了长沙国的军事形势，而没有涉及南越国领土，这代表它是一张防守型军事地图。图长98厘米，宽78厘米，用黑、红、田青三色绘制。图的主要区域在深水流域，也就是现在湖南省江华瑶族自治县沱江流域一带，比例尺大概在1∶100 000到1∶80 000。图中有大小河流20条，其中14条标注了名称。山脉用黑色的"山"字曲线标明，9处有山名。

《驻军图》中黑底套红勾出部队驻地、军事工程、障塞，框型大小，似与地形、驻军多少相关。红线表示防区界线，红色虚线表示道路，红色三角形写了"封"，表示烽火台。图的南面正对南越，是防区前线。深色部分是驻军营地、防区界线，浅色部分是山、水等地理元素，类似现代专用地图的两层平面表示法。

驻军图

从图中可以看出当时的守备作战思想。

第一，多线布置，扼守要隘。图的正面大体上有40千米，纵深50千米，比较明显分两线布置兵力，并依托三条山谷扼守通往南越的路。第一条线有徐都尉的三支部队，布置在南岩的山脊北侧。第二条线有周都尉的两支部队、徐都尉的一支部队，隐藏在山背面的三条大谷内，与一线相距15~20千米。司马得军的两支部队，在指挥部的左右方，像是预备部队，形成了梯形配备，左邻桂阳的军队。一线前沿顺山坡向下伸出约5千米处，有8个居民点，说明这是前哨，属于警戒阵地。

长沙国的守备重点在图的左前方，因为预备部队和友邻的加强部队都在这里，此处顺着三条河流的大山谷可通向左翼徐都尉军，左前方顺河川可直接通南越后方。这样充分利用了地形，互为攻守，可防可攻。

第二，选择有利地形，设置指挥机关。部队的司令部设在中央地区，紧靠二线部队后面，距前沿阵地大概30千米，徒步行军也就一天路程。因为接近四条河流的汇合点，前方有河道可通前沿阵地，后靠大深水能通后方。指挥部本身就是三角形城堡，设有5座箭楼、4座战楼，可以登高瞭望。这是一种复合型防守工事，可攻可守，只要在三角城堡的三个角上设置岗楼，就可以通览四周全貌。

指挥部三面靠水，一面靠山。城垣南侧设有一个望楼，沿弯曲小道和城堡相通，旁注"复道"，说明下面有地道。左侧拦水成塘，红色表示堤坝，蓝色表示池塘，旁注"波（坡）"，可能是为了饮水和消防而建，也有人认为它是护城河或水军训练池。

湖南博物院曾经特意派人去实地勘察，在江华瑶族自治县麻将口镇附近，的确有一个三角形的古代遗址台基，旁边有池塘，三面环水、一面环山，和《驻军图》状况符合。但这里没有找到任何西汉文物，无法正式确定它就是图中的堡垒。

第三，注意通信联络，加强后勤保障。阵地前沿山脊上有三个烽火台，守备区南沿道路纵横交叉，写着"到延里五十四里……到袍里五十里"等，代表是为军事服务。指挥部后方有"甲钩""甲英（缨）"等字，可能是辎重所在地，临近深水，便于转运。

第四，注重环境调查，掌握居民情况。图上有近50个居民点，多数标有名称，有的写明户数，如"河里，卌三户，今毋（无）人"。有的标注了"兼里"，旁注"并虑里"，说明为了军队作战，把居民迁走。

这张图不仅有水平极高的绘制技术，而且体现了非常出色的军事指导思维。也有学者认为，这不是一幅《驻军图》，而是《箭道封域图》，用以标注区域行政单位。

《地形图》和《驻军图》的绘制时间应该相近，但是有微妙的前后顺序。专家认为《地形图》早于《驻军图》，而《驻军图》的精确性高于《地形图》。对比两图，可以发现它们大致是相似的，只有少数差异，一部分可能是保存状况造成的，另一部分是因为发生了变迁，像《地形图》上乡里级居民点深平，在《驻军图》上变成了深平城，由乡里变为城市，聚落等级有了变化，学者推测深平应该是驻军的大本营所在地。

《驻军图》上标有"周都尉军"、"徐都尉军"和"司马得军"字样，它们应当是驻守在这一区域的主要部队。其中"周都尉军"和"徐都尉军"据推测是中央派来的部队，史书中曾提及吕后派隆虑侯、长铍都尉周灶为将军进攻南越国，也有文献提及"长沙，两将军"，可见在长沙国常年有两支中央部队驻守。

不同的地名标注方式，也有不同的含义。例如"道"，根据实地考察推测，它代表少数民族聚居处。"郭"在《地形图》上有 1 处，在《驻军图》中有 3 处，以方城亭堡符号表示，据推测为军事要塞。"部"则指的是小型城堡，"里"为小型居民聚居地。

用《地形图》与《驻军图》给墓主人陪葬，一是佐证了他的军官身份，二是表明他可能就是在图中区域内作战牺牲的。

除了跟墓主人的军官身份相关的图，还有一幅比较特别的《导引图》。所谓"导引"，即"导气会和""引体会柔"，指的是一种将呼吸运动和躯体运动相结合的医疗体育方式，所以它可以被视为一张"广播体操"示意图。整幅图高约 50 厘米，宽约 100 厘米，上面分 4 排绘制了 44 个人，有男女老少，有的穿短衣短裤，有的穿长袍，有的是光背，大部分都是徒手，也有少数手持器械。这些人都是用工笔彩绘在绢帛上的，每一个人都有自己的运动姿态。

图画之外，还有 31 处文字注解，内容基本可以分为三类。

一是描述运动姿态，有伸展、屈膝、体侧、转体、全身跳跃、舞蹈等肢体运动，还有呼吸运动，或使用棍棒、沙袋、盘碟、球类的器械运动。

二是说明这些运动模仿了什么样的动物，如䍃（鹞）背、䮫登（龙登）、熊经等。

三是说明每种运动所针对的疾病，如引聋、引项等。

春秋战国时期导引术就已经流行，到了三国时期，华佗取其精华总结成五禽戏。我记得我住在爷爷家的时候，他有一阵子经常会去师大还是湖大体育系开会，就是和学者们一起研究开发《导引图》的现代运用，我也不知道后续的成果如何。

另外一些帛画，或残破，或并不起眼。

像《城邑图》，已经碎成30余小块，长宽约30厘米，残文"城周二百九一步"是形容大小，南北五十六步，东西为九十步。图中可见"南雄门""东北隅楼""佐史侍舍""侍舍""瓦盖""管盖""池广一丈""深六尺"等字样，说明这个城堡可能是县邑的衙门。

《陵寝图》，长约30厘米，用朱、黄、黑三色绘制。上有山丘，山丘上有坟茔和墓圹，下为宗庙和城垣，写有"某某庙"字样。侯良先生在这里化用了一句《周礼·春官》中的古文"冢人辨其兆域而为之图"以解释《陵寝图》的功用，该句的意思是有冢人负责辨别墓地的范围，并画图。这幅《陵寝图》，一是表明墓主人墓葬的区域，二是体现某种传统丧葬礼仪。联系"纪念碑性"，也许马王堆三个墓的封土附近原本建有祭祀的宗庙，前文提到的挖掘时所发现的一个烧制过的圆洞，很有可能是宗庙的遗迹。

《行乐图》出土时挂在东壁，取下来时已经裂成数十块，后来

◆ 导引图

第十一章　一画入魂　　207

得到了部分修复。画中可以见到骑马、划船等场面。复原部分长68.7厘米，宽34.9厘米。另有两块较大残片，一块绘有妇女划船，另一块绘有白袍女子与侍从，但不知道属于画的哪一部分。

《丧服图》为图表形式，图左写着"三年丧服二十五月而毕"，右边写着"斩衰十三月而毕……齐衰九月而毕，奢大功者皆七月"等字，意为不同的服丧时限。图上有红色的大华盖，说明它与祭祀礼仪相关。红色华盖也象征刘氏皇权，说明家族在皇权的庇护下。下为排列有序的红色和黑色方块，每一块代表家族中的一个亲眷，可以被视作族谱。下部中央画有未上色的小华盖，可能代表轪侯列祖列宗庇荫。这幅图所展示的是丧服制度中的亲属关系，也就是血缘的远近程度和服丧时限之间的关系。按结构来看，《丧服图》类似常见的《九族五服图》，但完整的《九

❖ 行乐图（局部）

族五服图》应该以拥有者为中心，上到高祖，下到玄孙，旁支到族昆弟，很明显这幅图没有这么多亲眷，不符合"以五为九"的五服原则。实际情况与礼制有出入，也并不罕见，尤其在马王堆墓葬中。由此图我们可以看出拥有者的亲眷关系，他的父亲利苍是祖父的小儿子，而他的伯父没有后裔，他本人有兄弟姐妹。据推测三号墓主人死亡的年纪为30岁，这个年纪有子嗣很正常，但应该没有孙子、玄孙，所以图中没有显示。也有学者认为，《丧服图》属于学习读物，用来传授丧服制度，大华盖在上是强调帝王与臣子的"尊尊"关系，而非展示"亲亲"关系的轪侯家史记录。

还有一幅《社神图》。这幅图的命名还存在争议，有人叫它《神祇图》，有人叫它《太一避兵图》《太一将行图》，现湖南博物院采取的是最后一种命名法。这些不同的名称都来自它的内容本

丧服图

身，区别则是因为命名者对画的意图存在不同见解。称为《社神图》是因为图中写有"社"字，称为《神祇图》则是因为画中网罗所有天神地祇。"太一"来自图中所写的"大一"，大一便是太一，"避兵"和"将行"的差异较大，后文再详细解析。

《社神图》为红、黄、黑彩色帛画，高 43.4 厘米，宽 45.1 厘米，方位为上北下南。画中天上有太一、风雨雷等神明，地下青龙、黄龙护驾，中间为禁辟百兵的四个"武弟子"，并书有"黄龙捧炉""青龙持容（镛）"等辟邪咒令。由此构成了上下、前后、左右全方位的六合保护圈，无论敌人在什么方位、什么时间（春夏秋冬）来袭，拥有这幅帛画的人都能受到庇护。

太一位于画中央，就视觉效果而言占据核心位置，这证明它是一个非常重要的神明，是这幅画中的主神。"太一"这个名称来自道家思想，意为独一无二，也有文献认为"太一"与"道"是同一个概念。诸多史书典籍都对太一有所记载，玉皇大帝可能就是由太一演化而来的神仙。楚文化极其尊崇太一，认为他"牢笼天地，弹压山川，含吐阴阳，伸曳四时，纪纲八极，经纬六合。覆露照导，普泛无私。蠉飞蠕动，莫不仰德而生"。

那么需要讨论的一点就是，这幅画出现在陪葬品中，究竟是起到什么样的作用？是"避兵"还是"将行"？

侯良先生认为该画作是墓主人行军打仗所带的护身符，有可能是一件生器。在古楚文化中，死亡是魔鬼缠身导致的结果，就算是战死沙场也是魔鬼假借人手所为。画中的四个"武弟子"，所执武器或许与四季对应，矛（图为刀）为春，戟为夏，剑为

❖ 社神图

秋，甲盾（图为弓箭）为冬。下层的二龙所捧物件，有避火的意味。相比护身符，有学者认为这更像一种符咒，携带者认为有了它就能实现"避兵"。墓主人生前随身携带这幅《太一避兵图》，肯定是想保护自己战无不胜、攻无不克。很可惜他三十几岁就早逝，看来神明并没有庇佑他。

另有说法偏向这是一件明器，起到镇墓的作用。这是因为画中的太一形象头上有明确的鹿角，并张口做吐舌状。大多数楚墓中，都有类似的镇墓神形象，共同点基本是头插两个鹿角，固定在方形底座之上，偶见口吐长舌的。马王堆墓道中的偶人，就头插鹿角。有学者认为太一是镇墓神形象演变的，头上的鹿角是一种生殖崇拜，代表阳气，而口吐长舌，一是象征地生万物，二是象征语言。道家学说将言语视作"万物之宗"，认为人所知道的一切都包含在语言之中。所以有学者希望定名为《太一将行图》，将图意解释为祈求太一庇护远航前往另一个世界的墓主人。

可以确定的是，这幅画中的神祇与道家、楚文化相关，并且起到一种庇护的作用，无论是生前还是死后。参考同为陪葬品的T形帛画，其实可以清楚看出两幅画在构图形式与宗教信仰方面的呼应性。就构图而言二者都是各方界域拼合成一个完整的宇宙概念。马王堆汉墓中出土的帛画，基本可以分为信仰与实用两类，图画中蕴藏着大量的信息，需要细心辨析，从中提取元素、符号，再与典籍中的记载一一对比，从而推导出图画的真实意图。

第十二章

戎马一生

前面已经写过，利苍的二号墓出土了一件错金银铜弩机，这也许是他生前的用品。二号墓中还有铜剑首一件，只剩下一些木块，应该是一件明器而非生器。这件错金银铜弩机虽然无法帮助我们想象利苍生前经历过什么样的战事，但至少可以确定他在那个动荡的时代上过战场。

上一章中，我用了几乎一半的篇幅介绍三号墓出土的跟战争有关的帛画，有检阅军队的《车马仪仗图》，行军打仗必备的《地形图》《驻军图》，保佑墓主人在战争中平安的《社神图》。但很可惜，三号墓主人只活了30来岁，就算是在平均寿命比较短的古代，也是早逝了。

人们难免好奇：他的一生究竟是什么样的？

三个墓主人里，可能他的光环最小。利苍的墓被盗得最严重，但其身份尊贵，带给了这个家族世袭的荣耀。辛追就更不用说了，因为有她，马王堆才得以举世闻名。二号墓主人有历史的名望，一号墓主人有文物的实体，三号墓主人有什么呢？就连这个墓是属于利豨还是利得，都还存在一定的争议。从他的陪葬品中，也无法完全推测出他曾经过着什么样的生活。

我们暂且认为三号墓主人是利豨，并假定《史记》对利苍的去世时间记载没有错误，即公元前185年利豨继位当年，也就是他十几岁的时候，就因为父亲去世而成了软侯。他短暂的人生里，有一半时间都背负着这个爵位。

他又是从什么时候开始上战场的？长沙国比邻南越国，是抵御南越国侵略的前线。作为世袭的软侯，要在诸侯国里延续父亲的光耀，稳住家族的根基，可能需要早早开始奔赴战场，甚至未成年的时候就要上阵杀敌。他虽然生命短暂，但似乎很好地完成了家族使命。母凭子贵，辛追得以享有极高的丧葬待遇。子凭父贵，在他之后的软侯利彭祖才得以安稳享有爵位20余年，还受到中央的任命。

少年丧父，要撑起一个家族的荣辱，我想他的压力应该很大，因此他才会格外励精图治，他的陪葬品中也才会有那么多帛书，不过帛书的部分要到下一章细细讲来。帛书也属于那种乍一看并不亮眼，但文化价值极其丰富的出土文物。游客经过帛书的时候，可能都无心去细看所书写为何，只看到个大概的书名就走开。

另一类与他的生活息息相关的出土文物，就是兵器。作为一个行军打仗的将领，兵器是必不可少的。但不像二号墓出土了错金铜弩机，三号墓的兵器基本都是明器。这也让人好奇，利豨理应也有自己最常用的一件兵器，但是这件兵器并没有作为陪葬品出现，也许是他传承给了自己的儿子。如果是给了利彭祖，他死在长安，在长安那个遍地古墓的地方，要找到它可能有点难了。

三号墓出土的兵器分为两大类：远射兵器和格斗兵器。中国古代兵器的发展基本经历了三个时期：青铜兵器——钢铁兵器——火器。青铜兵器出现于原始社会末期，从商代到春秋战国有了显著的发展。我国也出土了大量这一时期的青铜兵器，像曾侯乙墓出土的青铜兵器就多达 4 500 件。同时，春秋时期也有了更为精良的冶铁技术。宋朝以后开始出现的火器，再次改变了战争的局面。

汉朝比较流行一种"百炼钢"技术，它可以制作出含碳量高、杂质少、组织均匀、耐腐蚀性好的优质钢。因为生产效率和生产品质随着技术改革得到了提高，从东汉开始，钢铁兵器彻底取代了青铜兵器。

远射兵器及用具有弩、弓、箭、木矢箙。

三号墓出土 2 件弩：一件通长 68 厘米，涂黑褐色漆，弩臂两侧刻有云纹，弩机用牛角制作，有廓；另一件通长 60.9 厘米，涂黑地红漆，锥画云气纹，弩机也是用牛角制作的，有廓。

弓有 4 件，其中竹弓 2 件，木弓 2 件。竹弓 1 号全长 128.5 厘米，宽 2.3 厘米，厚 1.1 厘米，弦长 118 厘米。弓由两块竹片合成，涂黑漆，干（中间部分）用红色丝织物包裹。竹弓 2 号有残缺，长 113 厘米，宽 4 厘米，厚 3.2 厘米，干用 4 块竹片相叠而成，畏（干旁边两段）用 5 块竹片相叠，这样可以增加弓的弹

◆ 错金铜弩机

力。木弓 1 号全长 142 厘米，干宽 3.8 厘米，厚 2.2 厘米，弦长 117 厘米。弓的两端安有弓弭，上面刻有缺口，它是一种锲，用来挂弦驱。弓身密缠丝线，再涂黑漆。靠弓弭处用黄绢包裹，弦由 4 股丝线绞合，呈深灰色，制作工艺非常精良。木弓 2 号全长 145.8 厘米，干宽 4.3 厘米，厚 2.7 厘米，畏宽 4.85 厘米，厚 1.9 厘米。可以看出畏部是由两块木片叠合，绕线涂漆。弓弭长 7 厘米，没有弦。

箭一共有 24 支，其中 12 支在南边厢的木矢箙中，另外 12 支在北边厢。南边厢的箭只有箭杆，没有镞，箭杆长 62 厘米，直径为 0.8 厘米，可能是用芦苇秆制作的，前大半部分涂有黑漆，靠尾部为红漆。尾端有黑色的"比"，长 1.7 厘米，宽 1.1 厘米，尾部有羽，长 15.5 厘米。北边厢的 12 支箭，全长 82.4 厘米，直径为 0.7 厘米，也是用芦苇秆制作的，颜色也与南边厢的箭相似。尾部有"比"，长 0.9 厘米，宽 0.6 厘米，羽长 14.1 厘米，涂红漆。镞只有 11 件，由牛角制作，呈三角形，长 9.5 厘米，铤长 4 厘米。

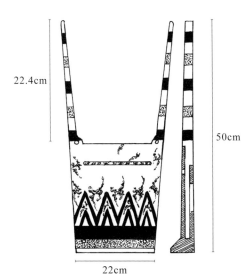

木矢箙

木矢箙 1 件，呈扁平梯形，底部折向前伸，黄色，通高 50 厘米，宽 22 厘米，上部两边伸出两根尖木柱，长 22.4 厘米。下部绘朱色三角形纹和云纹，内有无镞箭 12 支。

格斗兵器及用具有长剑、戈、铜戈箙、矛和矛镦、兵器架。

剑是比较常见的一种古代武器，中国人赋予剑很高的品格，武侠小说中的侠客往往都要用剑，才能配得上他们的品性。就拿金庸小说举例，从《越女剑》到《鹿鼎记》，时间从春秋战国时期跨越到清朝，阿青的武器是剑，陈近南还是用剑。三号墓出土的长剑由牛角制作，鞘长 90.5 厘米。剑首、剑镡、剑珥、剑珌均为木质，外面包有玳瑁。剑茎为木制，首端椭圆，中部扁平，近剑镡的地方有一段长方，先用

✦ 角质短剑

丝绳密绕，再在近镖端 19.5 厘米处用三股瓣状粗丝带打结缠绕。剑鞘用两块木片合成，密绕丝线后涂黑褐色漆。在《车马仪仗图》中，利豨所配的剑与这把长剑十分相似，也许此明器就是按照他生前佩剑的样式制作的。另一把中剑通长 79.1 厘米，剑身长 42.6 厘米，宽 2.7 厘米。剑鞘用两块竹片合成，呈六方菱形，上面绕红棕色丝线，剑首、剑镖、剑珌都用牛角制成。

戈 1 件，也由牛角制作。通长 20.2 厘米，援长 11 厘米，稍微弯曲，内长 8.8 厘米，胡长 0.3 厘米，木柲长 123.3 厘米，直径为 3.6~3.8 厘米，涂深褐色漆。镈的质地为动物的角，长 10.4 厘米，直径为 2.6 厘米。先秦时代，戈是最重要的一种作战兵器，商周时期跟战争相关的象形文字都带有戈的图形。戈是由生产工具镰刀演化的兵器，分为车战和步战两种，车战用的戈比较长，可长达 3 米，步战用的戈较短。对比战国时期的青铜戈，马王堆出土的明器戈制作比较粗糙，而且制式有很大的不同。墓中遣策并没有记载执戈的将士，可见此时这个古老的兵器差不多被淘汰了。

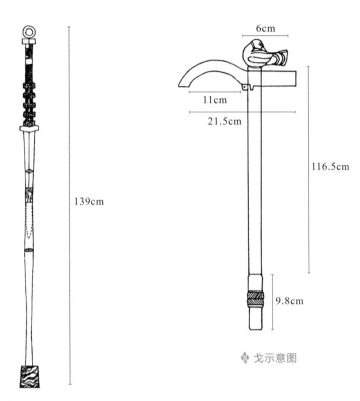

6cm

11cm

21.5cm

116.5cm

9.8cm

139cm

❖ 戈示意图

❖ 长剑示意图

　　熟悉《三国演义》的朋友肯定知道，吕布的兵器就是方天画戟，战无不胜。不过马王堆没有出土生器戟，它只是出现在《车马仪仗图》上。墓中遣策记载："操长戟应盾者百人……执短戟六十人，皆冠画。"可见这时候戟的地位已经非常高了，直到晋唐时代都未被撼动。

　　与戈一样，矛也是一件古老的长兵器。马王堆出土的矛和矛镦都是由牛角制作，矛秘长 116.5 厘米，直径为 2.1~2.4 厘米，涂黑褐色漆。原始社会时期就已经有用石头或骨头制作的矛，商朝时期矛成为重要的作战武器。墓中遣策记载《车马仪仗图》上有执长檠矛的士兵 8 人，执短矛的士兵 60 人，操长矛持盾的士兵 100 人。可见矛与盾，在西汉的战场仍然很重要。

关于铜戈篡，侯良先生没有写太多内容，仅仅介绍了 1 件。它呈回首鸟形，銎椭圆，长 6.2 厘米。铜戈篡是扣在戈上的一个部件，回首鸟形是西汉时期常见的制式。

兵器架 1 件，为木质且分为三部分，上为一个长方形木板，中为八方形木柱，下为四方形木座。高 87.5 厘米，上部木板长 55.5 厘米，宽 37 厘米，厚 2 厘米。上附三排挂钩，上排 1 个，中排、下排各 2 个。黑漆地上绘有红、黄、绿三色云气纹，座上也绘有红、黄二色云气纹。出土时，带鞘的长剑就悬挂在第二排挂钩上。这也侧面验证，这把长剑可能是按他生前的常用兵刃仿制的，所以才放在这样特殊的位置上。

结合《车马仪仗图》和出土兵器，我们也难以想象三号墓主人的戎马一生究竟是什么样。他到底打过什么样的仗，立过多少战功。但我们至少可以知道，他的人生短暂，不曾虚度。

兵器架

第十三章

翰墨流芳

三号墓中最为重要的出土文物，就是帛书。帛书在出土时存放在东边厢的长方形黑漆木匣中，后被送往故宫博物院揭裱。工作人员一层一层揭开后，才发现是帛书，多达 28 种，共约 12 万字。帛作为书写材料，是春秋后期开始流行的，直到汉代仍然是帛书和竹简并用。帛书虽然比竹简更为轻便，但是造价不菲，一般人家根本不可能用帛书。帛书的本质是丝织品，属于蛋白质，在地下极其容易腐坏，难以妥善保存，这就体现出马王堆这一批帛书的价值。

　　帛书分整幅和半幅两种，如果是图和表就需要按实际需求来定制。整幅长 50 厘米，半幅长为 24~25 厘米。部分整幅和半幅帛书折叠成高约 24 厘米、宽约 10 厘米的长方体存放，部分半幅帛书用 2~3 厘米宽的木条为骨干卷起。一般从右边开始按直行书写，有的用墨或朱砂画上下栏，再用朱砂画出 7~8 厘米宽的直行格，整幅每行为 70~80 个字不等，半幅每行为 20~40 个字不等。

当时用的墨大多用松枝烧制而成。

帛书字体大致有三种：篆书，隶书，介于篆、隶之间的草篆（秦篆）。之所以会有这样的区别，是因为汉代初年处在一个变化的时刻，这些帛书不一定是当时的产物，可能是从秦朝流传下来的。秦朝有"书同文"政策，统一诸侯国的异体字为篆书，但是民间更流行隶书。到了汉代初期，隶书逐渐取代篆书。

帛书的形制与文献记载、出土的汉代简册制度基本一致，这些帛书都没有写书名，后人整理时依据内容来确定名字。书写的年代可以根据书体、避讳和纪年等方面来推测，例如《篆书阴阳五行》用秦隶夹杂楚国古文书写，书中有秦王政二十五年（公元前222年）的纪年，应该是帛书中最古老的一件。大部分帛书都是在汉高帝至汉文帝初年抄写的。

除了帛书，还出土了一部分竹简。一号墓的竹简主要为墓中遣策，共312册，2 063字。三号墓的竹简有410册，2 622字，其中除了遣策，还有《养生方》。墓中遣策可以帮助我们了解陪葬品的基本信息，其中最重要的就是器物的名字，有了名字才能找到来历和用处。从字迹来看，两座墓中遣策字体相似，应该是由一个人书写的，但与实际操办葬礼的应该不是同一个人，所以遣策的记载与出土的实际情况有出入，也有夸大和自相矛盾的说法。三号墓的木牍中记载了15种衣服名称，但最后写"乙笥凡十五物不发"，意思是虽然记载了，但是临时决定不用其陪葬了。这一句可以证明墓中遣策是在准备葬礼的过程中书写的，并且需要跟中央派来监督丧葬的官员核对仪式程序和陪葬物件。

侯良先生认为帛书大概有这样几种：哲学类、天文类、医学类、史学类、杂书类、图籍类。图籍类包括《地形图》《城邑图》《驻军图》，以及他写在医学类里的《导引图》、杂书类里的《社神图》。尽管这些图和帛书一起出土，但我把它们划进了帛画的章节，在这里就不再赘述。这些帛书的一个主要参照依据，是《汉书·艺文志》。班固以刘向的《别录》、刘歆的《七略》为蓝本编著《艺文志》，记载了大量的书籍名录，但对马王堆出土的不少帛书没有记载，可见它们在西汉末年就已经失传。

　　帛书中，我觉得最有价值的，就是《老子》甲、乙本。甲本分为甲种本，甲本卷后佚书之一、之二、之三、之四；乙本分为乙种本，乙本卷前佚书之一、之二、之三、之四。

　　甲本卷后佚书之一没有篇题，共181行，约5 400字。它可以分为两部分，前面是立论，后面是逐句阐述，主要论述了"仁、义、礼、智、圣、聪、明、乐"8种道德规范，延续了孟子的"性善""慎独"等观点。书中有跟《孟子》《大学》《中庸》等雷同的字句，属于儒家子思、孟子学派的作品。

　　甲本卷后佚书之二也没有篇题，共52行，差不多1 500多字，内容是"伊尹论九主"。伊尹是第一代商王成汤的贤相，辅佐商汤打败夏桀，建立商朝。所谓"九主"，讲的是古往今来成败兴亡的9种君主，其他书籍中也有所提及。像《史记集解》引用了刘向《别录》中的"九主"，仅仅30个字。《汉书·艺文志》记载了道家著录有《伊尹》51篇，小说家著录有《伊尹说》27篇，但都失传了，这卷佚书可能就属于其中一部分。卷中最为肯定的

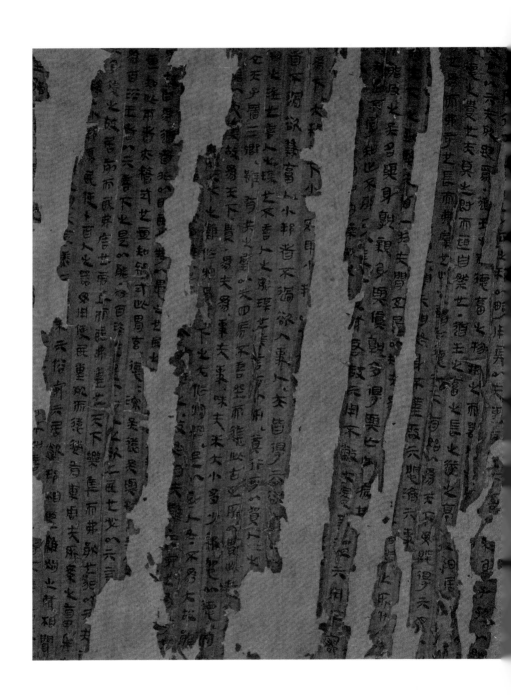

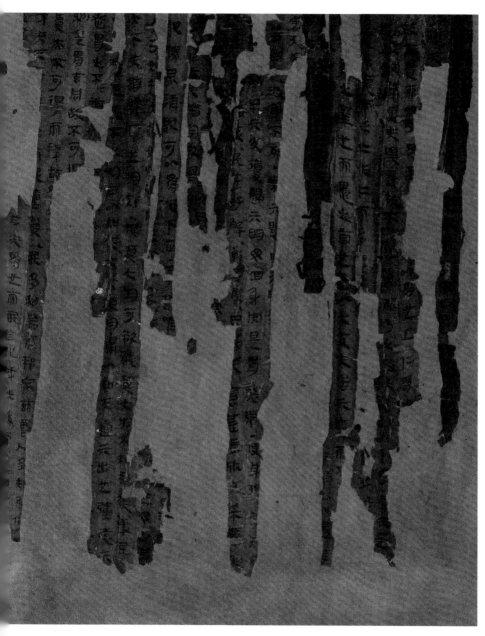

◈ 帛书《老子》甲本

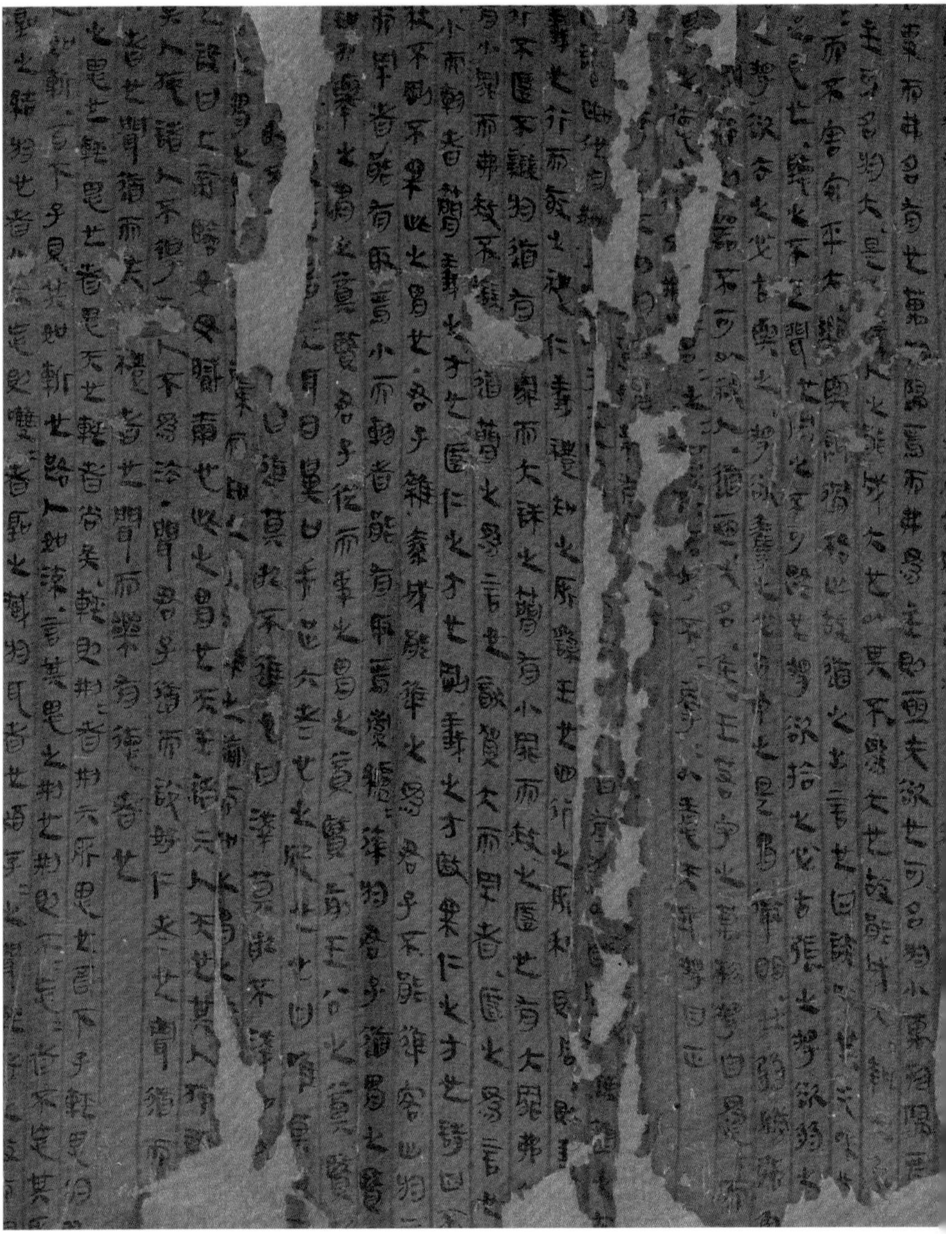

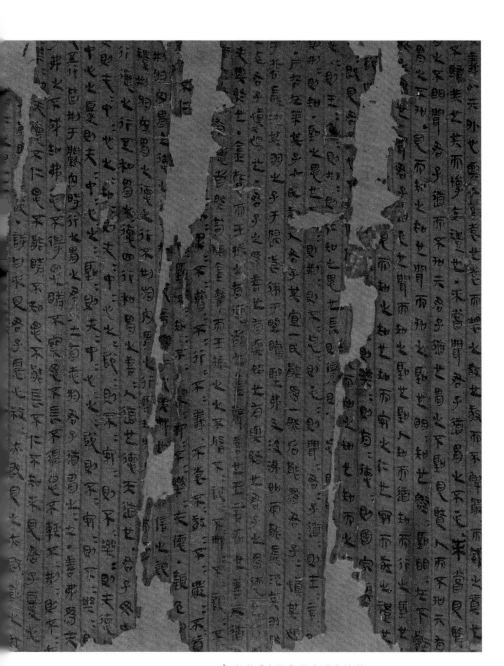

帛书《老子》甲本后古佚书

一种君主是"法君"，主张"法君执符以听""名命者符节也"，这属于"黄老"思想中的刑名之学，是一门关于治国的学问。它赏罚分明，其实也是一种法家思想。

甲本卷后佚书之三，没有篇题，共48行，约莫1 500字，是兵家论述攻战守备的著作。卷中提到了"昔者齐人与燕人战"，指的可能是公元前284年五国伐齐的战事，据此推测它可能成书于战国末年。

甲本卷后佚书之四，没有篇题，残留13行，约400字，内容和卷后佚书之一相似，但由于残缺而无法明确全部含义。

乙本卷前佚书之一是《经法》，共77行，尾题"凡五千"，意为字数，主讲刑名之学。卷前佚书之二为《十六经》，共65行，尾题"一千六百"，主讲政治、军事斗争策略。卷前佚书

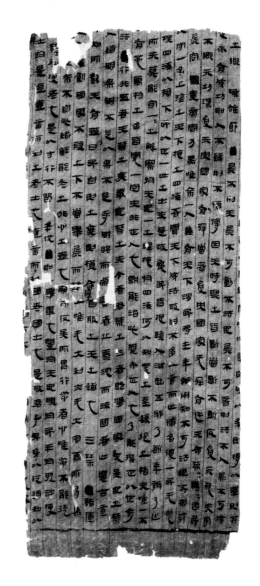

❧ 帛书《老子》乙本

之三是《称》，共25行，尾题"一千六百"，主讲施政、行法的方法。卷前佚书之四为《道原》，共7行，尾题"四百六十四"，主讲"道"，也就是事物的客观规律。

这四篇互有联系，具有浓厚的道家色彩。据学者考证，它们应该就是与《老子》同源异流的"黄学"思想代表作，也就是《汉书·艺文志》中记载的《黄帝四经》。大多数人都知道"黄老"，并将《老子》看作"黄老"经典，却不知道《黄帝四经》是"黄学"代表。这也是《黄学四经》失传多年导致的，帛书的版本帮助我们理解了何为"黄学"。

《经法》可以被视作一篇总章，分为《道法》《国次》《君正》《六分》《四度》《论》《亡论》《论约》《名理》九篇。其中《道法》是总论，提出"道生法"的观点，以"道"为核心，论证了"道"与"法"、"刑"与"名"的关系，以及掌握这种理论对于治理国家的重要意义。后面八篇围绕这个总观点进行论述，像《君正》讲任用贤人、实施法治、文武并行、宾服天下的道理，《名理》强调"循名究理""是非有分"的理论。

《十六经》假托黄帝与其臣力黑、阉冉、果童、太山之禾的对话和活动，着重阐述了治国的政治、军事策略。全篇分为《立命》《观》《五正》《果童》《正乱》《姓争》《雌雄节》《兵容》《成法》《三禁》《本伐》《前道》《行守》《顺道》和结尾等15节。

《称》不分章节，篇中汇集了一些类似格言的成语警句。"称"就是法度，一言一语为一节，用圆点记号分隔，一共有48节。

《道原》主要论述"道"的性质，以及如何运用和掌握"道"

的思想。

虽然《黄帝四经》属于"黄老"学说，但它很明显极其强调"法"的作用。可以说，以《黄帝四经》为代表的"黄学"，是以"道"为核心，兼具法家、墨家、儒家、阴阳家、名家学说而成的一个道家流派。

《老子》是先秦道家学派最为重要的作品，相传作者是李耳，也称为老聃。但学界基本认为，《老子》应该是后世的人假借老子的名号编撰而成的，跟大多数诸子百家经典著作一样。之所以有《老子》甲、乙本，是因为两个版本的字体不同，甲本是近篆体，乙本是隶体。两个版本虽然内容相同，但是在句型结构、虚词用法、古今字和通假字方面各有特点。两个版本可能是根据不同的古本抄写的，而且抄写年代也不同。甲本不避讳刘邦和秦始皇父秦庄襄王，可能抄写于秦朝灭亡之后刘邦驾崩之前。乙本仅仅避讳了刘邦，应该抄写于汉惠帝吕后时代。甲、乙本与现在流传的文本在编次、文字上也都有一定的出入。

常见的《老子》有三个版本：河上公注本、王弼注本和傅奕校订本。相传河上公是汉文帝时期的人，但是《汉书·艺文志》里并没有记录，有可能是后人假借名号书写，当然《汉书》也会出现错误，这个版本可能不会早于东汉。王弼是魏晋时期的人，这个比较确定。而傅奕是唐代人，他校订的版本来自北齐武平五年（574年）徐州项羽妾墓出土的古写本。现在常见的篇章体版本，以汉魏时期流行的版本为基础，后人应该有较多的修订。所以，帛书《老子》甲、乙本可能是最接近原著的版本。

在流行的版本里，一般都是《道经》在《德经》前面，因此《老子》也被称为《道德经》。但是帛书的版本正好相反，上篇开头就是"上德不德，是以有德"，篇末写"德，三千四十一"；下篇开头是"道可道也"，篇末写"道，二千四百二十六"。可见，在《老子》甲、乙本里，《德经》在《道经》前面，应该称之为《德道经》。但也有学者认为，先秦时期就有《道德经》和《德道经》两种版本流传，只是后世《德道经》慢慢消亡。在《韩非子》中《解老》《喻老》两篇里，都是《德经》在《道经》之前，可见《韩非子》成书时代的流传版本与马王堆出土版本接近。有人经校对发现马王堆帛书版本与唐代傅奕校订古本最接近，他主要依据项羽妾墓出土版本，而它与马王堆帛书版本较为相近。整体来说，现在流传的版本与《老子》古本差别并没有太大。

《老子》的流传本一般有 81 章，其中《道经》37 章，《德经》44 章。甲本有六处和现在的分章方式不同，但整体来说甲本的分章比较疏略且欠缺条理，可能是抄写人分章的。乙本没有分章，也许最初的版本也没有进行分章。

甲、乙本和今本对比，也有很多文字上的差异。

今本第十章写"涤除玄览"，甲本写"涤除玄蓝"，乙本写"涤除玄监"，所以这里应该是"蓝"或"监"通"鉴"，"玄鉴"指的是内心的光明。

今本第十四章写"执古之道，以御今之有，能知古始，是以为道纪"，甲、乙本写"执今之道，以御今之有，以知古始，是为道纪"，"古"和"今"的差异非常大，可见《老子》并不是完全在谈论"天道""古道",也着眼于当下的社会。

今本第三十七章写"道常无为,而无不为,侯王若能守之,万物将自化",乙本则写"道恒无名,侯王若能守之,万物将自化","道常无为,而无不为"是现代流行的一种老子思想,即"道"经常无为,但是也无所不为,但"道恒无名"则有很大的差别,意为"道"是始终没有名状、变化的。

今本第五十七章写"法令滋彰",乙本写"法物滋彰",其意思是越珍贵的东西,想偷盗的人越多。

算上列出来的这些,甲、乙本和今本有多达30处不同。但甲、乙本也不是完善的,也有一些错字或漏字的部分。纵观整体的《老子》甲、乙本,也可以看出《老子》本来只主张"无为而无以为",但没有提出"无为而无不为"。"无为而无不为"思想,应该是战国晚期或汉初由"无为"思想演变而成。

哲学类中另一座大山就是《周易》,帛书《周易》被抄写在一幅宽48厘米、长约85厘米的朱色丝帛上,共93行,约4 900字。每卦都有卦图,卦名多用通假字。

与现在常见的版本相比,该帛书有两个最大的不同之处。一是卦的序列完全不同,并且不分上下篇,将八卦按先阳后阴的原则分开。键(乾)、根(艮)、赣(坎)、辰(震)、川(坤)、夺(兑)、罗(离)、筭(巽)为上卦,键(乾)、川(坤)、根(艮)、夺(兑)、赣(坎)、罗(离)、辰(震)、筭(巽)为下卦,每个上卦与下卦组合成六十四卦。这种组合方式与汉熹平石经版、通行本完全不同,可能更为原始,或者是另一种体系。

❖ 帛书《周易》

二是《卦辞》《爻辞》多有不同，但未见《彖辞》《象辞》《文言》。《卦辞》共636字，与通行本81字有不同。《爻辞》为3 444字，与通行本有771字不同。

《周易》后附有包括《系辞》在内的古佚书，以篇首墨块印记区分，可以分为6篇。

第一篇《二三子问》，共36行，没有篇题，所以取开篇几个字为题。

第二篇《系辞》，包含通行本《系辞上》（缺第八章），以及《系辞下》第一、二、九章，第三章前四节、第五节开头四字、第八节十个字、第四章第一、二、三、四、九、十节的一部分，第七章第十节一部分。

第三篇《子曰》，约2 000字，包括通行本《说卦》第三节，以及《系辞下》第五、六、八章和第七章的一部分。

第四篇《要》，篇尾注明1 864字，但是前面有残缺，现存18行半，少了差不多800字。主要内容是孔子和学生的问答，常出现子贡的名字。

第五篇《缪和》，5 000余字，主要是缪和等人和先生讨论《周易》理论，篇末题为"缪和"。

第六篇《昭力》，主要内容是传"易"人和昭力之间的问答。篇末题"昭力，六千"，但这篇其实很短，可能和《缪和》加起来有6 000字。

史学类帛书有3部：《战国纵横家书》《春秋事语》《战国策》。

《战国纵横家书》主要记载了战国时代纵横家苏秦等人的书信、说辞，一共27章，约1 700字。其中有11章的内容，可以在通行本《战国策》和《史记》中找到，但文字表述有一定的出入。全书各章按不同国别、时序编排，大致可以分为三部分：前14章是较早流传的关于苏秦的资料；15到19章每章末尾都记录字数，应该是来源于一个系统；最后8章是另外收集的，其中前3章与苏秦有关，内容是以苏秦游说为主的战国纵横家言论。书中写到秦王政十二年（公元前235年）秦魏伐楚的史实，成书应该在秦末汉初。

纵横家在战国时期是一种非常特殊的角色。当时诸侯割据，大国想要继续壮大，小国想要苟存，纵横家四处游说，宣扬自己的联盟策略，对改变割据局面起到了很大的作用。最终齐、秦东西强强联手兼并弱国，弱国南北联盟联齐制秦或联秦制齐，形成了"合纵连横"的斗争局面。

苏秦是当时纵横家中的翘楚，《战国纵横家书》中 2/3 的篇幅是有关他的言行。前 14 章中，第 4 章的一部分和第 12 章是新发现的史料，主要讲述了公元前 288 年前后，苏秦为燕王到齐国从事间谍活动的经过，齐湣王亡国前的局势变化，以及齐、燕、赵、韩、魏五国合纵击秦的细节。

尤其是《苏秦自梁（魏）献书于燕王》中写到齐国想攻打宋国，对履行齐、赵、韩、魏、燕等五国合纵攻秦的盟约不积极，因此魏相孟尝君准备趁齐国攻打宋国的时候，攻打齐国。苏秦在书信里汇报了这一情报，并要求保密。到了公元前 284 年，燕国大将乐毅率领五国联军，出其不意地从齐国北线出击，一举击溃齐国。但这个时候，苏秦的间谍身份已经被齐国发现，判处车裂而死。

燕昭王破齐是一个重大的历史转折事件，齐、秦双霸变成秦国一家独大，为秦国日后统一六国奠定了基础。《史记》并未详细记载这件事，只写到苏秦早亡，殊不知他在这背后起到了极大的作用，可能司马迁都没有读过《战国纵横家书》。

《春秋事语》是关于春秋佚事的集子，比较残破。全书分为16 章，没有章节的名字，每章写一个故事，没有按照时间顺序排列。其中的内容有鲁隐公被杀、鲁公子庆父杀君、宋襄公泓水之败、晋灵公欲得随会等史实，基本和《左传》相符。也有一部分是《左传》中没有的。有人认为这是《汉书·艺文志》里记载的《铎氏微》，相传这本书是左丘明的弟子铎椒为楚成王所作，收集了《春秋》中关于成败的事迹。也有人认为，帛书分为 18

段，应该是分为 18 章的《公孙固》。侯良先生持另一种意见，因为书中议论多、史实少，所以命名为《春秋事语》。有学者认为《春秋事语》是为儿童编撰的，所以相比其他同类书籍并不高深复杂。

有一本知名史书的出土帛书并没有写书名，只是人们根据内容推测为《战国策》。全书 1.15 万字，分为 28 章，其中 10 章今本没有包含，而今本包含的部分也有出入。章节不按时代、国别排序。内容包揽战国七雄，以燕、齐和三晋的事迹较多，年代大致在战国中晚期。其中有不少过去不知道的史实，例如白起、胡伤攻魏时，魏曾准备退保东地，坚守单父，以期割南阳而和；秦、齐并称帝时，齐王曾提出"先事而后名"的主张；燕孝王派蔡鸟入秦，献吕不韦河间十城。佚文部分以苏秦、苏代、苏厉的言行为主，所以也有学者认为该帛书不是《战国策》，而是《汉书·艺文志》中提到的《苏子》三十一篇。文帝时期的确还没有《战国策》书名，《战国策》是西汉末年刘向校订成书的，所以这本可能是《战国策》的前身之一。刘向曾提到，《战国策》前身有《国策》《国事》《事语》《短长》《长书》等著作，说不定此帛书就是其中一本。

还有一本实用的帛书也没有书名，全书 5 200 多字。有学者认为这是《相马经》中《大光破章》一篇，因为下葬时仅完成这一篇，所以从这个角度来说，它是一本完整的书。此书主要是关于相马的学说，即如何根据外形来识别不同种类的马，其中提到了"善走马""非走马""国马""良马""驽马"等类别。马王堆

◆ 帛书《相马经》

帛书出土时，传世最为齐全的相马资料来自《齐民要术》，这部帛书补充了古代相马学说。此帛书的成书年代早于汉武帝时期，这一点非常重要，汉武帝时期引入了大宛马，也就是传说中的"汗血宝马"。这种马与原有的马种进行杂交，虽然可培育出更适于作战的马种，但也混乱了原本的血统。通过这本书的描述，我们可见更为纯正的中华马种特质。

天文类帛书比较有趣味性，毕竟占星在古代属于四大术之一，带有一定的神秘主义色彩。到今天也是如此，很多人痴迷于星座学说。中国古代有很多占星的学说，它最早可以追溯到战国时楚国人甘德所写的《天文星占》、魏国人石申所写的《天文》，但是这些书都失传了。

一部天文类帛书是《五星占》，包括两个部分，前为占文，后为五星位置，约 6 000 字。用列表的形式记载了秦王政元年（公元前 246 年）到汉高后元年（公元前 187 年）60 年间木星的位置，以及秦王政元年到汉文帝三年（公元前 177 年）70 年间土星、金星的位置。这个时候人们观测的行星运动，只是一种视运动变化，即肉眼看到的运动轨迹，而非行星真正的运动轨迹，但已经相当精细。

水星、金星、火星、木星和土星是太阳系中肉眼可以观测到的行星，在古代称为辰星、太白、荧惑、岁星、填星。

帛书记载：东方木，其神上为岁星，岁处一国，是司岁；西方金，其神上为太白，是司日行；南方火，其神上为荧惑，□□□；中央土，其神上为填星，宾填卅星；北方水，其神上为辰星，主正四时。（□代表缺字。）

很明显有关五大行星的文献，也包含阴阳五行的原理。东方属木，是木星。早在商周时期人们就已经观测到木星十二年（准确地说是 11.46 年）运行一周天，一周天分为十二"次"，也就是十二个区间，每个区间大概 30°，木星每岁行经一"次"就用所在星次纪年，所以木星称为岁星，这有点十二生肖、黄道十二宫的意思。西方属金，就是金星。它是最闪耀的一颗星星，光辉银白，所以在古代称为太白星，也称启明星，看到金星出现就知道天要亮了。南方属火，是火星。其光色红橙，光度常变，令人迷惑。中央属土，是土星。古人观察到土星 28 年左右才能移动一周天，与一周天二十八星宿的数字相符，所以土星每年进入一个星宿的区域，似乎在轮流填充二十八星宿，称之为填星。北方属

◆ 帛书《五星占》

水，是水星。它是离太阳最近的一颗星星，不超过 30° 的样子，也就是一"次"，亦可称为一"辰"，代表十二时辰，因此水星称为辰星。

《五星占》中还留下了一些珍贵的观测数据。

金星的会合周期为 584.4 日，和今天测值 583.92 日相差 0.48 日。

土星的会合周期为 377 日，比今天测值小 1.09 日。土星的恒星周期为 30 年，比今天测值大 0.54 年。

木星的会合周期为 395.44 日，比今天测值小 3.44 日。木星的恒星周期为 12 年。

另一本天文类帛书是《天文气象杂占》，从最后的"占"字，也能知道这是跟占星相关的帛书。这部帛书长 48 厘米，宽 150 厘米，上面用朱墨两色绘有云、蜃、气、晕、虹、恒星、彗星等各种天象图约 250 幅。图上还有简短的文字说明，包括星象的名称、解释，是在利用这些星象来占卜吉凶。在云的图画部分，楚国的云排在战国群雄之首，由此推测，这本书可能是楚人写的。

除占卜的内容以外，这部帛书更有意义的地方在于它记录了 27 幅彗星图像。彗星通常分为三部分，头部发亮的地方是彗核，四周云雾状光耀称为彗发，合称为彗头。而长长的一根尾巴，是彗尾。彗星也因此被称为"扫把星"。彗星图像中除了最后一个"翟星"，都画有头尾。有的彗头里还有小圆圈或圆点，说明当时人们可能已经观测到了彗核。有时候一个彗星不止一尾，图中也有多尾的彗星。

这些数据和图像证明了中国古代的天文水平，古人纯粹用肉

❦ 帛书《天文气象杂占》

眼观测，就可以获得和今天相差无几的数据、信息。人类自古就爱仰望星空，这也是一种根植于基因的浪漫。

在医学方面，帛书有《足臂十一脉灸经》《阴阳十一脉灸经》《五十二病方》，帛画有《导引图》，竹简有《养生方》。

一听名字就知道，《足臂十一脉灸经》和《阴阳十一脉灸经》是中医的经脉学说。《黄帝内经》中提出十二经脉，经脉"如环无端""周而复始"。但这两部灸经中，只有脉，没有经脉一说，脉称为"温"。在《足臂十一脉灸经》里十一脉都是向心的，即从四肢末端流向躯体中心的胸腹或者头面。《阴阳十一脉灸经》中手太阴脉、手太阳脉由躯体中心流向四肢的远心脏方向，其余九脉还是向心的。《黄帝内经》中，就有了十二脉，分为6个向心性、6个远心性循环。可见从两部灸经到《黄帝内经》，经脉学说有一个逐步演变的过程。但它是否变得更科学？这个就见仁见智。

《五十二病方》是曾经失传的医方专著，存有1万余字。全书分为52题，每题都提供一类疾病的治疗方式，少则一两方，多则二十几方。总计有医方280条，提到的疾病108种，涉及多方面。

在内科方面，就有以肌肉痉挛为主的疾病、精神异常疾病、以寒热为主的疾病、泌尿系统疾病、消化机能障碍疾病、肠道寄生虫疾病。在外科部分，有外伤性疾病、化脓性疾病、体表溃疡性疾病、动物咬伤、肛门疾病、皮肤疾病、体表肿瘤。还有妇科、儿科、五官科等方面的疾病记载，较为全面。

帛书中记载的药名达242种，有一半在《神农本草经》中找不到。药物的来源包括矿物、草、谷、菜、木、禽、兽，最奇特的是还有来自人体的药，像头发和乳汁。书中也较为详细地记载了药物的形态和制作方式，但没有中医常见的五行、阴阳学说。

药物类型分为汤剂、丸剂、散剂，没有膏剂和丹剂，治疗方式有灸法、砭法，而没有针法。可见这部医学书成书时间较早，应该在《黄帝内经》之前。书中一种疾病有多种治疗方式，同一个药物也会有不同的名称。不少医方后注明了效果，比如"已验""尝试""令（灵）"，说明是经过实践的。

外治法在书中占了比较大的比例，除了敷药，还有药浴法、烟熏法、蒸汽熏法、熨法、砭法、灸法、按摩法、角法（类似火罐）等。由此可以看出，中医外科也有一定的历史。

《养生方》也分为几个部分，有《十问》《天下至道谈》《合阴阳方》《杂禁方》等。《养生方》是一个汇集本，来源于很多不

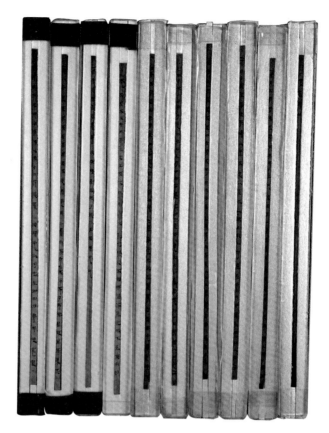

❖ 医书竹简《天下至道谈》

同的抄本，部分内容在别的书中也可以见到。其中有不少关于房中术的记载，毕竟这和占星、炼丹、堪舆并称为古代四大术。书中对"七损八益"做了详细、明确的解释，七损是"一曰闭、二曰泄、三曰渴、四曰勿、五曰烦、六曰绝、七曰费"；而八益是"一曰治气，二曰致沫、三曰智（知）时，四曰畜气、五曰和沫、六曰窃气、七曰寺赢、八曰定顷"。

　　书中也介绍了一些防止"损"的房中术，"养用八益去七孙（损），耳目聪明，身体轻利，阴气益强，延年益寿，居处乐长"。总体来说，就是合理的性生活，可以帮助人延年益寿，该书多少有点古代性学专著的意味。

在杂书方面，侯良先生将《刑德》这一本归于封建迷信范畴内。《刑德》一共三卷，都抄写在整幅帛上。其中一卷朱书（两本），残存四分之一。另两卷墨书，分甲、乙本，甲、乙本内容相近，只是次序有一点不同。也有人将三卷称为甲、乙、丙三本。到底什么是刑德呢？它其实多少带有一点奇门遁甲的意味，就是通过对自然、天文现象的观察形成一套既定经验、逻辑，合理搭配后可以控制吉凶。"刑德"来源于阴阳家，后被法家、儒家假借成他们的治国理念。汉代之后，似乎就不太有这方面的学说。西汉的刑德学说更是结合了墨家、道家、儒家、法家、阴阳家多种理念，成为一种处理天人关系的学理，基本还是用于中央集权。

我试图通过一些论文来理解《刑德》，但是它的内容太过高深，似乎还包含一些数学原理。其中有一幅九宫图，可能是理解《刑德》的关键所在。九宫图用五种颜色绘制，与阴阳五行相关，中间属土为黄，南方属火为朱红，北方属水为黑，东方属木为蓝，西方属金则用双钩留有空白，代替白色。不同方位写有不同神明的名称，6位重要主神有刑德、丰隆、风伯、大音、

❖ 帛书《刑德》甲本

雷公和雨师。风伯、雷公和雨师是常见的天气神仙，有的古籍中也将丰隆视作雷公，但此处应该是云师。据饶宗颐先生考证，大音应该是大阴，又名泰阴、岁阴，也就是太岁。正东南西北方有四仲神，与五行对应。东方大皋，应为大昊，就是伏羲。西方也写着大皋，被认为是笔误，应该是少皋，也就是少昊——黄帝的长子。南方为炎帝，十分清晰。北方为湍王，应当是颛顼。而四隅，也就是东北、东南、西北、西南方又有四隅神。乙本字迹模糊，参照甲本内容，东北隅神为予强，可能是禺强——传说中的北海之神。东南隅为青皋，可能是青阳，但青阳就是少昊，与西方仲神重复了。西北隅神字迹不可辨，无法知晓名称。西南偶神为聂氏，饶宗颐先生考证后认为它是摄提，也是八风神之一，因此四隅神可能与八风名相关。

《刑德》之术离我们今天所知的占卜方式颇为遥远，但是抛开占卜的用处，《刑德》也可以帮助我们理解当时的信仰神谱。中国古代的宗教信仰不唯一，随着朝代更迭、民间神祇的兴起，神仙谱系变得庞大而复杂，《刑德》也只能反映出其中一隅。《刑德》之术也具有术数的基本特征，在古代数学范畴里也值得研究。

篆体和隶体《阴阳五行》两部，明显是信书。篆体《阴阳五行》卷长 3.5 米，除文字外还有图和表，分为 23 个单元，互相穿插。它主要靠二十八星宿进行占卜，也有四方、四季、月令等元素介入，较为复杂。隶体《阴阳五行》卷长 1.23 米，也有文字、图和表，大致分为 10 个单元。其以天干地支、月令、五行为主要占卜方式，也有四季、五音、二十八星宿等元素。

《木人占》也是占卜类书籍，原书也没有题目，因为写有"举木人作占验"字样，所以取名《木人占》。大部分文字难以辨认，但似乎与面相学说有关。《木人占》抄写在48厘米宽的整幅帛上，内容分上、下两部分排列，绘有9列共99种不规则图形，每个图形里都有文字注释，多是大吉、吉、大凶、小凶等占卜用语，以及与方位有关的吉凶解析。图形与占卜语有一定的关系，有学者推测可能是以某种方式移动木人绘制图形，再根据图形断定吉凶。

《符篆》《杂占》等帛书，有些以图表为主。从陪葬的帛书种类来看，利豨可能除了会行军打仗，也懂得一定的医术、占卜之术。又或者这些书的内容跟他早逝的原因有一定关系，所以他希望带下去好好阅读，给他带来一定的庇佑。

除了有文字的帛书，还隐藏了神秘的98页空白页。在经过详细的排序和核对后，发现其中37页并非空白，而是未经修复的残片。剩下的61页可以分为两种情况：一种画有朱丝栏但没有抄写文字；另一种则是完全没有画朱丝栏，并编织绢边装饰。据推测这些空白页可能是夹放在重要的帛书中间，起到保护作用。并不是每一本都有，或许是一种特殊的保存方式。

抛开一些具有实用性的书籍，例如医学类、天文观测类，可以看出这些帛书背后的思想也大有不同。像《战国纵横家书》明显是纵横家，《老子》肯定是道家，而《老子》甲、乙本卷后佚书又包含儒家、法家思想，《春秋事语》与《春秋》有关，自然是儒家，《刑德》又属于阴阳家。光是三号墓主人的陪葬书，就堪称"百家争鸣"。可见这个时代，具有一定的思想开放性，又或者说尚处在中央集权的过程中，还未发展到"独尊儒术"的思想统治顶峰。从这点来反推，说不定拿帛书来陪葬，也是因为"百家"开始明显走向"一家"，帛书留在家中再无用处，还可能引来危险，不如让先人带走。

相比一些论文中写马王堆帛书所体现的是儒法斗争，或黄老思想与儒法思想的斗争，我更愿意相信诸子思想融合的过程。帛书中所体现的几家思想，其实表达出一种"你中有我，我中有你"的状态。道家典籍里有儒家、法家思想，法家思想通过儒家、道家形式阐述。上升到统治阶级层面而言，实际的政策并不用彻底、死板地去贯穿某一种思想，而是什么对维持稳定、中央集权最有利，就采用哪一种。所以，汉朝初年，刚刚经过秦朝暴政和起义战争，还有匈奴、南越国这样的外敌以及蠢蠢欲动的异姓王，信奉休养生息的黄老之道便能更好地帮助国家恢复生气。但黄老之道并不是一种长久之计，经济的发展、社会矛盾的转移要求国家做出相应的变化。

这里就会出现新的问题，就是某一种思想背后一定有它的忠实簇拥者，他们甚至成为某种利益集团或政党。而帝王需要处理好不同利益集团或政党之间的关系，很难去单独支持某一方，因为大多数时候双方都存在为他所用的价值。帝王甚至可能还需要他们牵制彼此，以稳固中央集权。根据帛书内容，也许我们可以推测出汉朝初年长沙国的政治风气，也就是道家的黄老思想中暗藏儒法之道。这样一种混合的治理方式，也许是继承自楚国传统，也许是针对当地民情选择的方式。继而从长沙国的诸子百家思想融合的状况，放眼整个汉王朝的统治全局，诸侯王分封的地理表象之下也暗涌着思想的分歧。长沙国这样较为温和的混合状态，不易与中央产生直接冲突，但其他诸侯国的情况就不一定了。

王朝统治思想的分歧与融合，让我想到一个古老的神话——盘古开天地。传说中盘古开辟天地，五官、四肢化作日月星辰、山川河流。他虽然不复存在，却又好像无处不在。王朝的统治方针由开国帝王制定，后人无论怎样革新更改，都是在其基础上发展。而开国帝王因成长于前朝，必然一定程度上受到前朝意志的影响，由此可以一直将统治意志追踪至文明开端之处。无论形式如何千变万化，内容始终一脉相承，或说有着唯一的目的。

不过，这些帛书重见天日后，又有了被阅读、研究的机会，可以帮助我们进一步了解那个曾经多元而又璀璨的诸子百家时代。

第十四章

老太太

从我有印象开始，侯良先生就叫辛追"老太太"。但辛追去世的时候也不过50岁出头，放到今天根本称不上"老太太"。只是在古代，50岁算是一个比较大的年纪了，毕竟古语有"五十知天命"。她也应该做了祖母，成为家族的大家长。不过侯良先生的解说词也会自相矛盾："这老太太年纪不大，但是一身毛病。"

前文已经提过，一号墓的挖掘工作以辛追的棺材离开墓坑到达湖南省博物馆为终点，自此辛追离开安葬她两千年的马王堆。辛追的棺材初到博物馆的时候，正值长沙初夏，温度逐步上升，不仅热，也很潮闷，对尸体保存很不利。王抒先生出了一个"缓兵之计"，每天去冰库买冰回来，把敲碎的冰块装入塑料袋里放在"老太太"周围，大的冰块用盆子装着，放在她下面，这样她周身的温度基本维持在12℃左右。但在物资不够富裕的1972年，每天买冰到博物馆给老太太降温，是一笔巨大的开销，有时候有钱都不一定能买到冰。

侯良先生咨询过北京、上海的微生物研究部门，但对方都回答没有古尸保存经验。这时候，正好湖南医学院青年教师刘里侯来找他，跟侯良先生说他们学校复课后，解剖课没有尸体，能不能把古尸给他们上课用。侯良先生忽然想到医院对保存尸体有经验，不如就借机找他们帮忙保存。于是他就和刘老师说了一些图博口王冶秋先生对保存古尸的指示，以及古尸的文物价值。刘老师回到医学院人体解剖教研组，跟王鹏程副教授报告了这件事。王教授第二天和另一位青年教师曾嘉明在刘老师的带领下来到省博物馆，了解具体情况。

5月8日，王教授带着药品和用具再次来到博物馆。他首先对辛追遗体做了胸、腹腔的穿刺，用来做微生物的分离培养试验。接着，对她做了一个基本的体检，像活动她的四肢，发现关节都还保持了一定的灵活度。

在将辛追遗体经过流水漂洗和7℃的水浸泡后，王教授开始给辛追做防腐注射工作。先是动脉注射，在辛追左腹股沟皱褶下方的股动脉投影线上做出切口。切开后，王教授看到辛追的皮下结缔组织、皮下静脉、股鞘都很清楚，股动脉颜色几乎与新鲜尸体一样。王教授用普通注射器往辛追的动脉内推注，感到动脉管腔畅通无阻。一共注入福尔马林、酒精、甘油为4∶2∶1的混合防腐液300毫升。

接着是局部注射，由王教授在辛追的颅腔、胸腔、腹腔以及躯干、四肢等部位的软组织内进行。进行手臂血管注射的时候，可以清晰地看到药水在辛追的血管里流动。此次局部注射一共注入防腐液 4 700 毫升。

5 月 17 日，王教授对辛追进行了第二次防腐处理。他先给老太太的牙做了检查，然后给她做了 X 射线摄影。这次主要向体腔和各部位做局部注射，一共注射防腐液 5 000 毫升。

6 月 9 日，王教授给辛追遗体进行了第三次防腐处理，注射部位和防腐液用量跟第二次类似。接着王教授用绷带和纱布包住"老太太"，把她放在 4.5%~5% 的甲醛溶液中，并采取了避光措施。这个时候，为了避开博物馆里趋之若鹜的参观者，辛追被转移到了湖南医学院，一躲就是半年。直到李政道先生来参观，辛追才回到博物馆。

三次防腐处理和检查后，湖南医学院对辛追的状况有了一个基本了解，撰写了《长沙马王堆一号汉墓尸体医学研究的初步报告》：

辛追性别为女性，身高 154.5 厘米，因缩水，体重为 34.3 公斤，估计生前有 50 公斤。头、颈、躯干、四肢保存无缺，全身湿润。上臂、大腿等部位的软组织比较丰满，且有一定的弹性。皮肤没有糜烂，面部及双足裸露部分呈土灰色，躯干和肢体有衣服遮蔽的部分呈灰白色。尸体的硬度，相比一般的福尔马林固定尸体软一些。

她的头顶戴着假发，前面写过陪葬品中有备用假发。她的假发不是简单戴在头上，而是和真发编在了一起，编的方式叫做"次"。发髻上插了梳形笄三支，质地分别为玳瑁、角和竹。她的前额及两鬓还有木花饰品29件，出土时已经散乱，无法复原。在古代像这样编发是要面见诸侯、皇帝，给辛追编这种发式下葬，自然是希望她和利苍地下团聚。

为了不影响尸体外形和尚未剥离的周身衣物，仅仅在皮肤、动脉、静脉、神经、舌、骨骼肌、会阴、直肠等部分取了小块组织，作为研究、观察样本。没有剖开胸腹腔，进行内脏观察和组织采取。根据对小块组织的观察，发现尸体最初有一个腐败、自溶的过程，但是到了一定程度后又停了下来。因为纤维性结缔组织基本保存了正常的形态，所以器官的轮廓得以保存。加上骨骼系统非常完整，整个人体的基本形态也就保存了下来。

根据X射线鉴定、组织学鉴定、牙科鉴定综合结果，初步判断出了辛追去世时的年纪。

通过X射线看她的颅缝，可以看到人字缝和枕乳突缝、冠状缝和矢状缝已经封合。按一般规律，人在30岁后颅缝开始封合，依次是矢状缝、冠状缝、人字缝、枕乳突缝，到50岁有部分颅缝，尤其是外板，没有封合。她两侧的第一肋软骨有明显的钙化情况，其他各肋软骨也有少量到中量钙化，这一变化也是从25~30岁开始。第2—5腰椎椎体边缘和右胫骨外侧平台都有轻度骨质增生，这也是40岁左右才会出现的情况。

从胫骨取了一小块做骨磨片的哈弗斯管管径测量，选出合乎标准的5个哈弗斯管，测量结果显示管径平均直径为

43.4 微米。根据 1964 年版《法医学》，这个直径指向的死亡年纪在 50 岁上下。

根据前牙磨损情况，也可以推测死亡年龄在 50~60 岁。综合上述三种鉴定结果，辛追的死亡年纪大致在 50 岁。

还有对棺液的初步研究。棺液呈棕黄色，有绿色荧光，沸点接近 100 摄氏度，比重为 1.032，pH 值为 5.18。蒸馏后，馏出液的 pH 值为 4~5，酸度为 0.087。残留溶液中有很多沉淀物，没有古代防腐常用的汞等重金属和砷等化学元素，还有大量钙盐、磷酸盐，少量氟离子、钠离子、铁离子。至于酸，可能是挥发性的有机酸。

多种实验证明，棺液虽然有轻度的杀菌作用，同时缺乏营养物质，可以抑制微生物的生长和繁殖，但没有很强的防腐作用。

这份报告给未来的解剖工作提供了不少有效信息，为确定解剖方案奠定了一定的基础。王冶秋先生曾经传达周恩来总理的指示："古人在有限的条件下可以保存两千年，根据现在的条件，能不能至少保存两百年？"

王鹏程副教授等医学专家认为，如果要保存 200 年，首要的就是进行解剖，至少得把内脏取出来，这样更便于保存。因此，专家共同写了《关于马王堆西汉女尸解剖问题的请示报告》，在 1972 年 11 月 14 日上交国务院图博口，但未见批复。11 月 22 日，李先念副总理夫妇陪同尼泊尔首相基尔提·比斯塔及夫人来参观马王堆，前一段参观随行陪同人员众多，等到了院子里参观无处安放的巨大椁木时，侯良先生趁机跟李先念夫人林佳楣说："医学专家认为女尸必须解剖，否则内脏会变坏，报告已经上送了，请你帮我们催促一下。"她答复道："我一定办。"

参观过程中，李先念副总理也提了三个问题：古尸这样陈列保不保得住？这么多的漆器能不能保得住？这么多椁板堆放在露天能不能保得住？侯良先生都回答他："保不住。"他又问："那有什么办法吗？"侯良先生说："王冶秋同志的意见是，要建一座具有恒温恒湿设备的现代化文物库房。"李先念副总理说："那你们就写个报告来吧！"

他和夫人回到北京后，林佳楣女士跟国务院秘书长说："我们刚去长沙看了马王堆的老太太，老太太变瘦了，需要赶快解剖。"李先念副总理也对解剖报告做出批示："拟同意，请总理批示。去长沙看过尸体，她已在逐渐变干，他们也曾提出解剖。"

报告很快到了周恩来总理面前，他做出批示："王冶秋同志，请邀有关同志和专家再议一次。如同意，就请提出一个工作小组名单，协助湖南医学院进行报告中所提的和追加的各项安排、调度。"①

12月6日，在王冶秋先生的组织下，各方面专家、学者聚集到长沙，有政府、考古、医学、新闻、电影工作者40余人，包括最初确定马王堆有汉代古墓群的夏鼐先生。为了确定最终的解剖方案，一共进行了四次激烈的讨论。

---

① 事见侯良编著《西汉文明之光：长沙马王堆汉墓》（湖南人民出版社 2008年版）第 313 页。

第一次讨论的主要问题是到底要不要解剖辛追遗体。专家对解剖抱怀疑态度，因为解剖的目的是更好地保存古尸，但是现在对古尸内部的腐坏程度并不清晰，比较担心里面保存情况太糟糕，一旦打开，就造成不可挽回的后果。同时，在解剖之后，怎样保持外形不变，也是一个难题。要用什么做内部填充物？要用什么材质的线缝合？这些都是问题。解剖之后，又应该怎样保存？是水泡，注入塑胶，还是有机玻璃固定？第一轮讨论，似乎让疑问变得更多了。

　　第二次讨论的主要问题依然停留在要不要解剖上，以及通过解剖应该达到什么样的研究成果。要做好解剖的准备工作，应该在解剖前把可以做的检查更为仔细地再做一次，像X射线摄影尽量拍得更清楚、更全面。通过解剖，应该判断出她的具体死因以及一些更为深入的病理。

　　第三次讨论则围绕着湖南医学院提出的具体解剖方案，共108项，主要讨论了如何进行解剖，从哪里下刀，应该是大切口还是小切口，哪一种方案最为保险。保护古尸的原状仍然是第一位，第二位就是尽可能地获取更多的科学资料。

　　第四次讨论做出了一个总结，解剖需要在保存尸体完整的原则下、在X射线摄影结果的指导下进行，主要目的是探索内部的状况，可以先用小切口，再根据具体情况扩大切口。解剖的主要目的是找科学资料，研究古尸对现代医学的启示。

　　最终的解剖报告中提出的方案，共有7项要点。

　　第一，必须保护外形不变，尽可能取出脑和内部器官、组织。

通过多方面的检查，来确定死因、防腐原因等医学问题。

第二，在解剖前，做好全面的准备工作，避免一些不必要的因素影响解剖过程和结果。

第三，解剖前需要由眼科、耳鼻喉科、皮肤科、妇产科、口腔科及放射科医生，在古尸表面进行全面检查，重新拍摄全身X射线照片，以帮助解剖。

第四，不采取严重破坏颅骨完整性的病理解剖常规开颅方法，而是先在颅骨额骨鳞部手动钻孔，通过这个小孔探查内部情况，找到脑组织，再结合X射线检查结果找到合适的部分锯开小窗，取出脑组织。同时，为了保护眼睛的外形，不从颅内以破坏颅骨为代价切取眼球后半部。

第五，从剑突下腹正中造15厘米切口，视察内脏情况。如果内脏尚存，可根据实际情况扩大切口取出。这一解剖过程可以拍成电影记录下来，证实内脏的原位状态。为了不破坏脊椎骨的完整性，不切取脊髓组织。

第六，解剖、电影工作者和其他相关工作人员，需要在统一指挥下，严格分工，紧密配合。必须有计划、有步骤地进行解剖工作，这样才能力争尽早结束解剖，避免古尸因暴露而可能受到的微生物、强光影响。

第七，取出内脏后，在体内填塞消毒敷料和防腐剂。要选耐用的丝线，进行外科缝皮。几个院校交流后，决定配置一种有效的防腐固定液，将古尸浸泡在玻璃棺内，存于湖南省博物馆内。要定期检查古尸状况，并更换防腐液。

经过国务院批示，1972 年 12 月 12 日，解剖辛追的工作正式开始。工作人员先是在上午为辛追做了脱水处理，然后由五官科、皮肤科、妇科等医生进行检查，并详细记录，拍摄电影、照片。当天下午，工作人员将"老太太"送到中国人民解放军第163 医院进行 X 射线检查，拍摄电影、照片。当时该医院也算是在郊区，离博物馆有差不多 10 千米距离。之所以要这么大费周章，是因为该医院的 X 射线检查设备较好。之前外交部招待在京的各国驻华工作人员观看马王堆纪录片《考古新发现》的时候，有人指出古尸的第一次 X 射线拍摄用的是一台 20 世纪 20 年代的小型旧式 X 射线机。当时辛追被热情的观众堵在了博物馆，实在没办法，只能用便携的小型 X 射线机进行检查，所以这次一定要用最好的设备。

12 月 13 日，工作人员集体观看了 X 射线照片，根据更为详细的古尸情况对解剖程序做出相应的修改。从体表检查中，大家得出了一些结论，例如老太太生育次数不多。另外专家学者都比较好奇她鼻子塌了，到底是生前还是死后造成的。她一度被怀疑患有梅毒，但是梅毒是明朝后才传到中国。五官科检查后发现她鼻中隔完好，这也证明老太太没有感染梅毒。

12 月 14 日，解剖人选最终确定，大家在解剖现场做了最后的准备，当天晚上就在博物馆二楼进行了解剖。

按照解剖方案，先为辛追做开颅手术，由湖南医学院第一附属医院神经科主任曹美鸿主刀。他们先在辛追的头发中间理出一条马蹄形弧线，然后沿着弧线切开大半圈，将头皮翻向一边，黑色颅骨即呈现出来。之后他们再用钻具沿着马蹄形钻了 6 个洞，接着用钢丝锯穿入两个孔，锯起颅骨，大概 30 分钟后锯下掌心大小的骨板。揭开后，灰色的硬脑膜露了出来，摸上去已经没有弹性了。拨开脑膜，露出白色丝状物，脑髓犹如豆腐渣一般。将脑髓取出后，解剖人员发现辛追的脑组织保存基本完好，淡黄色大脑分叶还能分辨，大脑镰、小脑幕都很清楚。最后解剖人员将辛追的头骨复位、固定和缝合，头发覆盖后就看不到解剖痕迹了。

剖腹手术责任重大，解剖报告还会上交国务院周恩来总理，所以一时难以找到主刀人选。侯良先生回忆道，当时一个年轻人自告奋勇站出来主刀，他就是湖南医学院病理学教研组主任彭隆祥。后来，他们成了好友，我印象里侯良先生生病的最后两年，他到医院和家里来探望过。

手术前，解剖人员先用酒精棉球擦洗了辛追的腹部。侯良先生说切开腹部的时候，很像在切腊肉，皮肉较厚，似有一点粉色。彭隆祥医生伸手到腹腔内，一下就将全部脏器取出。担心了那么多天的事情，居然就在瞬间完成了。

12 月 15 日下午到 17 日下午，解剖人员召开了解剖后的三次会议，介绍了古尸的概况、脏器的保存情况以及更详细的 X 射线照片结果，确定之后的研究方向。报告中提出了 5 个主要研究方向：女尸的保存程度；女尸的病理变化及死因探讨；有关墓内的中医中药研究；女尸及内脏标本保存的防腐措施；女尸防腐原因。其中涉及的研究，需要寻求其他地方院、所的帮助。1973 年

彭隆祥教授

1月6日，解剖报告上交国务院，1月15日国务院做出了批示。

3月25日至4月3日，来自北京、上海、武汉、广州、南京以及长沙本地的35个医学院校、研究单位共83人，到长沙出席了科研成果汇报会议。

从保存情况来看，遗体头、颈、躯干、四肢都保持了比较完整的外形，全身润泽，皮肤完全覆盖，呈黄褐色，摸着细腻。大部分毛发都在原位，手指、脚趾纹路都清晰。皮下脂肪丰富，软组织还有弹性，部分关节也可以活动。眼球脱出、口张开、舌头突出、直肠脱垂这些现象，证明她死后有过短暂的腐坏过程，但是后来停止了。大脑已经缩小约一半，其他脏器都保存了完整的外形，位置也基本正常，但也都有缩小变薄的现象。

通过X射线照片，可以清晰地看出全身骨骼完整，骨头也基本在正常的位置，但有骨质疏松的现象。四种基本组织的保存状况不太一样，结缔组织保存最好，尤其是细胞质成分。肌肉组织次之，神经组织和上皮组织大多已经自行溶解。绝大多数细胞也都解体，软骨细胞数量存留最多，有的细胞膜、细胞核都清晰可见。一些高分子保存了原本的结构和性质，像胶原纤维和肌纤维都还有较为完整的蛋白质分子。脑、肝和全身脂肪组织中还有部分胆固醇，大家真的要注意自己的胆固醇，两千年都消不掉。

开头就写了，侯良先生常说一句有点自相矛盾的解说词："这老太太年纪不大，但是一身毛病。"她到底有多少病？首先是全身性动脉粥样硬化，胸动脉、滑车上动脉、子宫动脉及肾动脉内膜面都有黄白色粥样硬化斑块。腹主动脉的斑块最多，有的还形成了溃疡，有血栓样物质附着。动脉硬化到这种程度，自然会有相关疾病，如冠心病。左冠状动脉堵塞非常严重，达 50%~75%。还有多发性胆结石，多处管腔内存在结石。她体内还蓄积了铅、汞，胆囊隔畸形，两肺存在广泛性炭末沉着，左肺上叶及肺门有钙化灶。尺骨、桡骨远端骨折畸形愈合，腰椎间盘突出或变形，还有陈旧性会阴裂伤。

她也有血吸虫、蛲虫、鞭虫等寄生虫感染疾病。这一度引发了讨论，作为一个养尊处优的富贵人，怎么会感染劳动人民才会有的寄生虫疾病？难道她年轻时也下田劳作过？但这种病更有可能是通过生活用水感染的。

她的食道和胃肠道里一共有 138 粒半形态饱满的甜瓜子，可以表明她是吃了甜瓜不久后去世的。进行病理解剖的时候，解剖人员发现她全身脂肪组织也都比较丰满，没有慢性消耗病或者长期卧病在床的征象，也没有肿瘤、脑出血、暴力导致的畸形。所

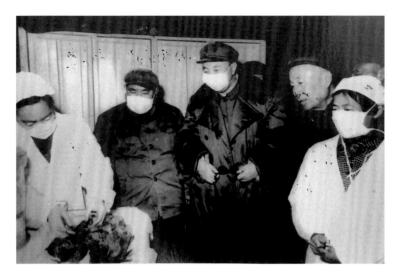

❖ 解剖过程

以，她应该是猝死的。结合解剖的情况来看，可能是辛追在午后吃着甜瓜消暑的时候，胆结石造成胆绞痛发作，从而引起冠状动脉痉挛，导致急性心肌梗死。

一号墓中的三类昆虫，也可以证明她去世的时间是夏天。墓室中的钩纹皮蠹与米象两种昆虫，虽然四季都会出现，但从虫期和生活规律来看，应该处于越冬期和繁殖期之间，可能是夏季。从随葬食物——白茅的生长情况来看，当时也是夏季收割期。而在白茅中发现青蜂残骸，说明白茅可能是临时从田间割来的，所以夹杂青蜂。根据青蜂会偷偷产卵在其他蜂巢内的习性，可以断定此时也是其他蜂类筑巢和繁殖的季节，即夏天。

那么，千年不朽的谜底，到底是什么呢？

可以用四个词来解答：深埋、密封、缺氧、无菌。

这四个词存在因果关系，深埋、密封造就了缺氧、无菌的环境。前文已经写过，其中有必然因素，也存在偶然因素，毕竟不是每一个墓葬都能这样完好地保存。

按古代的丧葬传统，她被深埋于20米深的墓室及密闭的棺椁之中。在墓室周围填白膏泥，这是保障墓室密闭性能的重要条件。她去世的时候，侍者怕她在地下衣物不够，给她穿了20层衣物，并且严密包扎，把棺材里塞得满满当当，这样也就一定程度上隔绝了空气。封棺后，早期的腐败过程很快消耗了氧气，棺材的密闭性强，形成了缺氧环境。而尸体脂肪、丝织品蛋白的分解，产生了很多有机酸，让整个棺内环境变为酸性，不利于腐败菌的生长，所以腐败到一定程度就停止了下来。体内的汞、铅有一定的防腐作用，棺液也有一定的防腐作用。但也有一种说法认为，棺液是后来自行形成的，而不是古人注入的。

墓室封闭后，陪葬的食物也开始腐坏，逐渐消耗了墓室内的氧气，嗜氧菌受到抑制，厌氧菌繁殖。有机物在厌氧菌的作用下，产生了大量可燃气体，也就是最初没有采集到的可点燃蓝色火焰的气体，以沼气为主。最终厌氧菌也自行死去，形成了一个类似真空的环境，将陪葬品和辛追一同封印于时间之外。

当辛追遗体成了文物，需要至少保存、展览200年的时候，地下的一些环境就缺失了，要保存下去具有一定的难度。当时湖南医学院拟定了一个保存液配方：甲醛、中性蒸馏水、95%酒精、甘油按1∶3∶2∶2的比例配置，一共8 000毫升、7 740克。从这个保存液配方来看，就需要0.25056立方米的玻璃棺，合计重242.417千克。

5月16日，侯良先生奉命去上海找有关单位研究防腐液的配方、防腐液和有机玻璃棺之间相互影响的问题。借着当时全国的"马王堆热"，他在各个相关单位做了不少发掘和研究报告，大家对马王堆都有极大的热情，所以也尽量满足他的请求。

现在辛追已经在湖南博物院住了近50年，我记得2000年过后不久，最迟不超过2005年，还有新闻说老太太可能保不住了，出现了变化。侯良先生当时也参加过一些会议，研究、讨论更新的保护方案。比起我小时候第一次见到"老太太"，近几年看到她，的确觉得她干瘪和苍白了不少。这是无法逆转的自然规律，她从安葬地下的贵妇变成一件文物，就必然会发生变化，地上的事物远没有地下长久。

有时候，我也会思考老太太最开始被发现时讨论的一个问题：古尸算不算文物？

世界范围内，有不少古尸型文物。这些古尸型文物，要么集中反映了一种文明，要么本身有着比较丰富的故事值得挖掘，要么是某个重大地质灾害的证明。最为著名的是木乃伊，它代表了一种独特的文化。还有冰人奥兹，他背后藏着未解的谋杀谜案。维苏威火山爆发，也留下了不少古尸型文物。国内还有著名的"楼兰公主"，她象征一个消逝的文明。

辛追遗体最大的价值也许是，作为一具2 000年的古尸，她的自然保存状态在世界范围内都是极其罕见的。这背后折射的还是人类对于永生的执念，就算成了尸体，也要追求不腐不朽的奇迹。不过我发现很多观众看到辛追遗体的时候，都略带惊慌和失望：原来2 000年的不腐不朽是这副尊容？人总是容易对于奇迹有太多的奢望。辛追能有今天的模样，并从一个湮灭在历史长河里的普通贵妇，成为举世闻名的"老太太"，已经是真正的奇迹了。

第十五章

神话鬼话

前面的章节，分门别类地介绍了马王堆汉墓出土的陪葬实物。其中有不少枯燥的部分，就像从数学的角度计算件数、测量形态，从物理、化学的角度介绍制作工艺、保存原理。这些文物，包括"老太太"本身，都是肉眼可见的。以侯良先生为代表的一辈考古学、博物馆学工作者，笃信的是这样一种唯物论研究理念，他们以实际的文物为研究对象。

　　这些实际的文物本身，就是古代精神文明的一种具象投射，它们的制作工艺、形态、纹饰等，都是古代文明的表征。但在这些表征的背后，还存在另一种内部逻辑，这也是一个必须回答的问题：为什么这个墓葬会以这样的形式呈现？

　　这个问题本身就有很多维度的答案，像井椁就是遵循先秦古制，再往后才会有墓室和石刻陪葬品。前面也说到，汉朝初年信奉黄老之道，所以墓中有不少道家的图像元素。墓葬的规格，也就是用什么陪葬，用多少陪葬，有很明确的法令。在这些摊开的横向答案中，还有一条纵向的脉络，将它们全部串联起来，也就是整个墓葬背后所体现的信仰系统。

已去世的哲学大师李泽厚先生，曾经有一个论断，他认为中国传统文化的核心根源是巫术。这里的巫术，并不是封建迷信的一种体现，而是古人在对世界认知有限的状况下，想象世界和驾驭命运的一种方式，它代表了古人看待世界和自己的角度。跟巫术紧密结合的行为，自然就是祭祀。而什么样的人才能进行祭祀活动？有权势的人才有资格祭祀，或任命他人进行祭祀。所以才衍生了祭祀的仪式，仪式与古人生活中的多个重大事件息息相关，比如祭天、登基、求雨、婚丧嫁娶，都需要一个仪式，这些仪式其实就是礼制。

"礼制"这个词于中国人从不陌生，到今天还有礼制，只是更简洁、有娱乐性。像扫墓的一些步骤——用水清洗墓碑，送上菊花，拔掉杂草，奉上先人喜爱的食物，燃烧纸钱，鞠躬三次——就是简化后的礼制。为什么从古至今中国人都要遵循这种礼制，并且自愿活在某种礼制的束缚之中？因为礼制背后，是积淀千年的中国文明。

中国文明有一个显著的特征，就是信仰有很强的实用主义色彩。无论是本土的道教，还是在中国传播千年的佛教，都没有一统天下。中国人的信仰特征很有趣，美籍学者韩森在他的书《变迁之神——南宋时期的民间信仰》中提到，他的门房李妈妈很喜欢求神拜佛，但是她没有一个固定信仰的神佛，只要是"灵验"的神祇，她就会去拜。听起来中国人真的一直都很务实，神佛要

"灵"才有受众。所以在中国古代，有统治者决定的国家信仰，也有流行于市井的民间信仰。

而礼制有一个明确的指向性，例如朝堂上的礼制，是臣子对君王的信仰。丧葬礼制，是活着的人相信通过完成一系列的仪式，可以为死者开启另一个继续"生活"的世界。尽管中国人的信仰会因为"灵"而变化，但无论怎么变化，丧葬礼制都保有了这个明确的指向性。而想象中的"另一个世界"是什么、在哪里、怎么去，也就成了理解马王堆或其他墓葬整体逻辑的核心问题。

人类并非生来就知道世界的模样。经过上千年的探索，人类才有一个基本的知识框架，其间也走了不少弯路。触摸真实的世界之前，我们在想象这个世界的诞生原因与运转规则，也就有了神话，这是最浪漫的文明基石。中国古代是农耕社会，相对封闭，从而有一个较为明确的内部世界，人们世代生活在这个内部世界里，所想象的外部世界就较为险恶，像《山海经》中写到处都是骇人的怪兽。虽然这个外部世界也带有明确的幻想性质，却不是希望死者前往的"另一个世界"。《山海经》里的外部世界，明确写着地理位置，在古人眼中这个世界是看得见的，或是总有一天会看见的，而死者去往的那个世界应该是看不见的。

古人对于那个看不见的世界，也在传说中有具象的投射，例如传说中的仙山昆仑和蓬莱。今时今日我们提到昆仑、蓬莱，自然有实际的指向，昆仑山脉在中国的西部，蓬莱则是山东临海的一个城市。关于这两座仙山有很多传说，有一种说法是昆仑就是昆山，是越王为了确立自己政权的正统性而开创的造神舆论。它们在众多传说的地点中脱颖而出，成为仙境的代表。这里也许有点自相矛盾，昆仑和蓬莱似乎也是可见的外部世界，怎么又会成为看不见的世界？就如同古希腊神话中的奥林匹斯山，也是可见的，但是山之上延伸出了一个看不见的世界，成为众神的住所。这个可见的山体，只是联结两个世界的桥梁。

从这个角度，似乎就能理解为什么会有富丽堂皇的墓葬。借墓葬礼制，死者的肉身和陪葬品会留在我们看得见的世界中，而灵魂进入看不见的世界，从而获得另一种新生或永生。但在这又需要厘清一个问题，死者的灵魂进入看不见的世界后，是成了神仙，还是以另一种形态生活？

这就需要结合具体的案例来看，如前文所说，信仰是会根据"灵"而变化的。在马王堆汉墓这个案例中，可以暂且不用考虑来世的问题，因为佛教传入后，中国人才有了对来世的想象。以一号墓为例，因为这个墓葬最为完整，不仅棺椁、陪葬品保存完整，就连它的主人辛追都得以千年不朽，大概达成了古人的永生之梦。巫鸿先生的著作《礼仪中的美术：巫鸿中国古代美术史文编》《黄泉下的美术：宏观中国古代墓葬》里，有多个部分提及马王堆一号墓。他认为马王堆一号墓代表了中国古代墓葬艺术的一个过渡期，人们对于死后世界的想象开始复杂化。也就是说这个看不见的世界，开始在墓葬艺术中以各种形式展现，而且逐渐具体化、细节化。但他不认为马王堆墓葬体现了升仙的思想，只能说明有一个未知的世界是当时的人所想象的终极乐园，供死者前往、永恒居住。

　　探讨这个问题，也需要拎出几样具体的文物。前面的章节虽然分门别类地详细介绍过一些文物，但当它们要为死者的灵魂服务时，又需要摆在一起讨论。绝大多数的陪葬品都是明器。明器为了能和主人一起离开现实世界，在纹饰上也有了特殊的选择。像漆器大多都选择云纹，云气是中国朴素唯物主义哲学中一种很重要的象征，古人相信万物都始于气。丝织品上的"长寿""茱萸""信期"等绣法，也体现出一种祝祷永生的取向。所以需要强调的是，一个墓葬中的所有陪葬品，存在着一个系统的逻辑，这个逻辑最终指向的就是这个墓葬所代表的信仰。

　　最直接表达信仰的文物，一定和墓主人最为相关。在一号墓的案例中，有三种文物和辛追息息相关。

　　第一种是生器。前面的章节里，讨论的几乎都是明器。但明器之中，夹杂了几样墓主人生前使用过的陪葬品，例如二号墓中利苍的错金银铜弩机，三号墓中的"乌纱帽"。

　　一号墓里，属于辛追的生器有她的拐杖、假发以及梳妆盒。其中两样是她将近去世的年纪特有的，她肯定是上了年纪才用拐杖和假发。这引发我的一个猜想：如果埋葬她的人真的相信她死后会升仙，在遥远的仙境生活，为什么神仙还需要拐杖和假发？她不应该立马变成靓丽的少女模样，自此不老不死？当然这并不能当作否定升仙思想的依据，因为也有不少神仙是以老年形象示人的，死亡成了一个句点，他们的模样在往后的神仙日子不会再老去。

还有另外一种解释，即道家思想具有明确的二元性，有阴就有阳，有明器就有生器。陪葬品是客观存在的器物，就算古人的认知水平比较朴素，他们也知道陪葬品不会凭空消失，不然不会有人去盗墓。他们认为跟随墓主人一同离开的是陪葬品的精神化身，墓主人带走的是抽象的器具。所以，墓主人也是如此，离开的是精神，留下的是肉体。但肉体会腐烂，甚至被微生物分解，变成肉眼不可见的物质，这样墓中就失去了与精神二元对应的肉身。就算人死了不腐烂，成了尸体也是不会动的，魂飞升成仙肯定是可以活动的，那么墓里和魂对应的东西也需要活动起来。所以古人又创造了一个看不见的理念来解决这个问题，飞升的是魂，留在墓中的是魄。魂魄在人死后是可以分离的，魂带着陪葬品的精神离开，而魄会永居墓中，使用这些实质的器具。所以这些生器，就服务墓主人的魄。

墓中会有一个特殊的设计，称为"灵座"，也是源自魄将长留墓中的想象。这个理念与"灵位"相似，现代一些丧葬礼仪中还保留了类似的理念，例如要在头七的时候给逝者摆一副碗筷、留一个座位，象征他们会回来一起用饭。以马王堆一号墓为例，椁室头厢中按辛追生前居所模样归置陪葬品，其中有一块空位，围绕着食器、侍女，面对着家庭歌舞团，这个空位就是"灵座"。这也体现出一种对称性思维，她的肉身在棺材中，而精魄安于"灵座"。

第二种文物是四重棺。四重棺层层叠放，实际上它所在的位置才是整个墓葬的核心。古人相信灵魂，这个想法可能比相信神仙还早。有灵魂就自然有肉身，所谓的墓葬除了要帮助灵魂去往信仰之地，也要给肉身一个客观存在的永恒居所。这个永恒居所，就在重重叠叠的棺材之中。

前面的章节，也具体介绍过这四个棺材。但是在信仰层面，就需要讨论一下四重棺的作用。巫鸿先生发现了一个有趣的逻辑：最外一层是全黑的棺材，再往里面的三层棺材都是有纹饰的，这不是锦衣夜行吗？那三个棺材做得那么漂亮，但不是给人看的，至少可以说不是给活人看的。他认为最外一层黑漆素棺，是用来隔绝生者与死者的世界。而往里的黑地彩绘棺和朱地彩绘棺功能类似，即引导、保护灵魂去往那个想象中的死后世界。四重棺形成了一个循序渐进的叙事空间，最外的纯黑色先隔绝了生死；接着黑地代表危机四伏的地下世界，是墓葬安放之所；紧接着的红地，象征进入另一个明亮、不死的世界；再就到了最后的内棺。就像分离式火箭，每进入一层棺材，就朝灵魂去往之地更近一步。

这里我插几句，不同于一号墓，三号墓的三重棺都没有图纹装饰。最外一层为深褐色漆棺，外部没有漆绘；中间一层为深棕色漆棺；最里一层也是棕色漆棺，但棺四周和盖上贴满锦和绣，四周方框用绒圈锦装饰，中间为长寿绣。这也许可以说明三号墓主人去世较为突然，不像辛追已经是老夫人，早早开始准备自己的丧葬用品。这样说起来也有些可悲，古人到了一定的年纪，活着的意义就是为自己好好准备陪葬品，去郑重迎接"大限"的到来。

回到一号墓的案例，探讨最后一层棺材的用处，这需要结合第三种文物：T形帛画。巫鸿先生认为，T形帛画、锦饰内棺和辛追肉身三者应该是一体的，合称为"柩"。"柩"的本意就是装放尸体的棺材，《礼记》写"在床曰尸，在棺曰柩"，也就是说在装殓前叫"尸"，进入棺材内则称为"柩"。再加上锦饰内棺的纹饰和辛追身上的衣服有所对应，二者也都用相同的手法捆绑，所以不难理解锦饰内棺和辛追肉身是一体的。T形帛画安放的位置就在锦饰内棺之上，可以被想象成一个"门帘"，同时对应着辛追肉身。

因此，帛画的内容就成了我们探寻辛追灵魂要去往何方的关键线索，也是《一画入魂》这章留下的悬念。主流看法还是，帛画描述了辛追升仙的过程。但是在西汉初年，其实升仙幻想尚未流行，也没有明确的叙事性绘画出现，那么这幅画就不太可能在讲述一个升仙的故事。巫鸿先生认为，画的内容更多的是一种相似性展示，也就是将各种概念联系在一起，组成一个古人的宇宙观图示。所以画中出现的元素都是对称的，有天就有地，有太阳就有月亮，天空中有一位主神，地下就有一位神祇。图画中心的辛追也有对应物，就是人间追悼会桌上的包裹物，巫鸿先生认为是"在床曰尸"的部分，也就是尚未装殓进棺的辛追肉身。

这幅画展示了天上、地下、人间的模样，正中间的辛追反而有点"无处安放"。如果这幅画没有叙事意味，画中的辛追并不是呈现一种飞升的状态，那么她所处的位置，仅仅只是代表她的灵魂已经脱离肉身吗？我又想到巫鸿先生《黄泉下的美术：宏观中国古代墓葬》一书中开头写到的郑庄公名言，"不及黄泉，无相见也"。郑庄公屡次被自己的母亲构陷，最终他忍无可忍把母亲赶出宫，说了这句话，其意思是今生再也不跟你相见，除非死后到了黄泉。可见在春秋时期，就已经有一个想象的死后去处——黄泉。既然有"泉"字，黄泉必然在地下了，也符合水为阴的理念。要在黄泉相见，说明有一个活动空间。春秋到西汉有一定的时间距离，其间人对死后世界的想象自然也是发展的。虽然这个时候还没有地狱的概念，但是人们相信地下也住了神仙，三号墓出土木牍写的"主藏郎中"，有学者认为是递送给地下神祇的拜帖，告知死者所带陪葬品，作为地下财产登记。我倾向于认为"主藏郎中"是中央派来的监督官员，而非神仙名称。

从帛画的内容来看，人间的辛追肉身还未下葬，但它是必然要埋入地下世界的，与地下呈现一种关联性。那么图中间的辛追灵魂，也理应与天上的内容呈现出关联性。我比较同意灵魂前行的方向是天上，此时的墓穴制式也以竖穴为主，死者就是在以地为床，面朝苍天，这似乎潜藏了一定的空间指向性。而横穴制式出现后，灵魂去往的未知之地就不一定指向天空，而是有了去往多维的平行宇宙的可能。我们不能断定，帛画上部就一定代表仙境、天宫，她的灵魂进入这个世界也不一定代表升仙，但至少那是她与已故之人再相逢的空间。

姜生先生在《汉帝国的遗产：汉鬼考》中，针对马王堆一号墓提出了不太一样的看法。前面章节已经提过该书对帛画内容的分析。他的主旨是汉墓需要引导死者回归生命，这个回归的过程，其实也就是去往另一个世界生活的旅程。要变成神仙，第一步是成为鬼。同时，他还引入了战国到两汉期间流行的"尸解"信仰，也就是飞升需要不留遗体，遗体要假借某种物品达成转化。例如金缕玉衣，就是一种转化的工具。前面章节提到过中山王刘胜墓，他的金缕玉衣内就不存尸骨，可以说是完成了古人理想的转化，用今天的说法就是微生物分解很彻底。

其实这也是对一种画中人物行走路线的想象，如果是直接升仙，灵魂离开去往另一个世界就行，也不一定是往上，只是由于平面作画的空间局限性，看上去是向上的。但要完成从人到鬼再到仙的转变，路径就变得复杂了。首先要下葬，进入地下。姜生先生认为图中双龙交尾处意为冥宫，也就是"炼形"之地，在这里完成"尸解"的变化。接着变形为神仙，开始前往神仙应该居住的地方。虽然他对T形帛画的理解给了我一些新的启示，但是我觉得这样有一些破坏T形帛画整体的对称性。不管怎么说，这个故事的结构是固定的，天上、地下以及阴阳对称呼应。所以上部中央和下部中央，是一组对应的天神、地祇，墓主人的灵魂也与地面装殓前的尸体呼应。如果上部神明也是墓主人，那这幅画中就出现了三个墓主人，而地下只有一个孤零零的神祇，对称性就被打破了。不过我很喜欢他提出的"成仙可以在死后完成"这个说法，大多数成仙故事都是生前修炼，死亡的那一刻实现飞升，但是死者修炼的理念无疑扩宽了古代信仰的时空边界，给了我们一个新的看不见的空间，这也是一种新的想象。这符合礼制存在的意义，即帮助人们消除对死亡的恐惧；也符合道家信仰

"阴阳不死"的精神，即生前完成不了的修炼，求不到的仙药，死后还有机会得到。

从姜生先生的理论出发，对于四重棺的解读也需要更新。现在的陈列方式，是按出土时的套装顺序，也符合巫鸿先生推测的信仰逻辑：先是黑漆素棺，然后是黑地彩绘棺、朱地彩绘棺，最后是锦饰内棺。姜生先生认为应该完全反过来，墓主人在棺材里先是入冥界，然后在冥宫炼形，也就是在锦饰内棺发生了形体的变化，对应装饰的羽毛；接着登昆仑，也就是朱地彩绘棺所画内容；借昆仑，进入九重天，黑地彩绘棺上云气流转，仙人隐约存于其中；最终修成"大道"，进入一片黑暗之中，他称这个境界为"玄之又玄"。这让我想到电影《卧虎藏龙》，同样修道的李慕白说他一次打坐的时候，在完全的黑暗中似乎触摸到了永恒。从内到外的解释，似乎也符合灵魂要离开棺材去往其他地方的路径。

我并没有能力去确认哪一个学说是正解，他们都有充分的理论依据和丰富的考察经验。如果以同时代的墓葬、古籍记载作为佐证，的确可以得出多种不同却都有一定合理性的答案，正如我推敲轪侯家族往事时一般。但是，历史的真相只有一个，绘制帛画、制作棺材的人必然秉持着一种确切的理念，只是要在浩瀚的可能性中去摸索这个唯一，实在太难。不如将选择权交给观众，这无关对错，而是个人的理解。

T形帛画分割出生与死、客观腐烂与主观永恒两个世界。马王堆墓葬文物和辛追肉身，深埋黄泉。而她的灵魂带着明器的象征意义，一同去了那个看不见的永恒之地。在科学成为世界的主流之前，人们多么渴望触及永恒，浪漫地幻想着真的有一个不老不死的乐园存在，但一切都是虚无缥缈的想象。不得不说，神话的存在，会让知之有限的人类拥抱更多安全感，让我们对所畏惧之物产生一定的控制感。害怕死亡，就创造了永生、涅槃、来世。久而久之，相信神话的人，也就站在了死生之外。而我们现代人，从出生起便在学习"一切皆有尽头"，反而有些无趣。

第十六章

惊天大案

湖南省博物馆曾经被盗这件事，可能已经很少有人记得了。我也忘了第一次知道这件事是因为什么，应该也是侯良先生说的。事情发生在1983年，当时侯良先生已经不在博物馆，被调到了省文物局。10月23日上午，他在办公室接到电话，被告知马王堆陈列馆被盗，便立马赶到了省博物馆。

　　他到的时候，已经有警察在场，陈列室的北侧遍地都是玻璃碎块，上面用木板铺了一条走道，以保护现场。经过现场勘查，发现盗窃犯是通过楼梯从陈列厅北侧爬上西头第一个小窗口，砸碎玻璃，撞开里面的木门，爬进厅里的。回廊北侧、东侧的第一、三、七、十一、十二展柜，以及中间展室一个靠墙的侧柜和中柜的玻璃都被打烂。

　　据统计，被盗文物共14种，31件，其中一级文物20件，还有线装书《史记》《前汉书》各2册，复制印章"利苍""长沙丞相""轪侯之印"3枚。

失窃文物包括：素纱禅衣 1 件；"信期绣"绢手套 2 只；麻布 4 块；木牍 1 块；锥画纹双层漆奁 1 个；彩绘双层漆奁 1 个；圆形小奁 2 个；长方形小奁 2 个；椭圆形小奁 1 个；马蹄形小奁 1 个；卷云纹漆盘 5 个；卷云纹漆耳杯 1 个；浮雕龙纹漆勺 1 个（盗取勺头，丢掉勺柄）；云纹漆匕 1 个；云纹漆卮 1 个；针刻云兽纹漆卮 1 个（带盖）；玳瑁卮 1 个；小铜鼎 1 个；"轪侯家丞"封泥 3 个（1 个完整）。

大家非常担心素纱禅衣。这件文物体积很小，可能已经被携带出境。于是省公安厅赶紧通知了公安部，随即通报全国机场、港口进行严查。

由于当时的技术限制，没有摄像头，更不用说指纹识别、脚印追踪，大家一开始都对这个案件束手无策。内外调查都没有任何线索，大家都非常焦急，侯良先生和一群公安干警在陈列馆接待室的地板上睡了 20 余天。清理犯罪现场的时候，民警发现了一个米粒大的小铁块，民警认为这可能是作案工具，侯良先生还怀疑是不是有点小题大做。

大概是天罗地网的搜索，让嫌犯有了一定的心理压力。11 月 1 日，在离博物馆南墙外不远的烈士公园幼儿园屋檐下，发现一包文物，两块旧布将两个大型漆奁盒包好。里面一共有 15 件失窃文物，大部分都是漆器，其中一级文物 13 件，包括珍贵的木牍。

11 月 4 日上午，在五一路邮局包裹领取处的柜台上，又发现用一块蚊帐布包裹的文物，上面放了九角钱邮费，写着"省博物馆收"。其中有 13 件文物，包括一级文物 4 件，素纱禅衣也在里面。

我为了更清楚这个案件，也试图搜索一些新闻，但是发现大多数自媒体都写得神乎其神。有媒体说最后冲到嫌犯家的时候，嫌犯正试图销毁证据，把素纱禅衣冲下了厕所，两件被盗的素纱禅衣最终只剩下一件。我手上的失窃文物清单，来自当时盖有公章的红头文件，以及侯良先生回忆录里关于这件事的章节。两份资料所写的被盗文物的数据一致，被盗素纱禅衣的数量都是一件。

　　整个案件的突破口，也就是那个米粒大的小铁块。两名公安人员在东区公安局查看缴获的作案工具时，发现一个有缺口的起子，把这个小铁块拿来一对，合上了。这个起子来自被关押的盗窃分子许某，他在友谊商店盗窃时被捕。许某当时只有 16 岁，是一名退学不久的中学生。他的父亲是数学老师，母亲是武汉大学政法学院的毕业生，由于"文化大革命"，失业在家。被审讯的时候，他供认不讳，交代了盗窃的犯罪过程。就像马王堆的挖掘过程不是网络小说想象的样子，博物馆失窃也不是电影中看到的惊险模样。

　　许某通过电视了解到文物很值钱，所以想偷了卖掉，然后去香港做生意。他在省博物馆踩点 6 次，先把素纱禅衣展柜四角的螺丝去掉，又拿着抹布伪装做卫生，上到展柜顶部把北侧一木窗的插销抽出，但还是迟迟没有动手，因为他怕值班室里有人值班。

　　1983 年 10 月 21 日周六晚上 6 点多，许某又在陈列室外观望，遇到一个女员工，被问在这里做什么。他说："找我表姐。"女员工又问他："你表姐在哪儿？"他说："在里面值班。"女员工说："你胡说，我们这里没有值班的。"这下，他最后的一点顾虑也解决了，没有值班人员下手就更轻松。

第二天，他趁着夜雨，用水管敲开北侧玻璃窗入室盗窃。但他也真是一个脑袋不太灵光的贼，偷了太多东西，没办法出大门，还跑去敲传达室的门。值班大爷是70岁的临时工，也没有什么戒心，直接就说："你是住里面招待所的吗？要去赶火车啊！"许某连连点头，就这样背着一大袋文物轻轻松松走了出去。

回到家中，雨把素纱禅衣打湿了，他把它晒在房中。次日早上，他的母亲喊他起来吃早饭，从门缝中看到了素纱禅衣。她知道是文物，说要送回去，他威胁母亲，如果送回去就跳楼。过了一周，许某看到没有动静，就到友谊商店继续偷窃，结果被抓。

他被抓后，公安局打电话要许某所住单位的保卫科去家中查看，保卫干事先是看到一个书箱，许母立即把装文物的箱子也推出来，说这也是书籍，还看不看？保卫干事就说算了，第二天公安局会来查。许母当晚本来想销毁文物，但是因为漆器燃烧的味道很大，她很害怕被发现，所以先都藏在了煤堆里，接着分两批送了出来，也就是幼儿园和邮局收到的文物。

最终法院判决许某死缓，许母15年有期徒刑。我记得前些年看到一个后续新闻专题片，走访了他们母子。他们两个人都已经刑满释放，许某从此闭门不出，一直把自己锁在家里，许父埋怨就是许母的溺爱导致今时今日的后果。

重提这件事，并不是想过多讨论这个案件里的犯人，这也不是什么惊险刺激的盗宝故事，反而有点黑色幽默。背后的故事反映的，更多的是大时代背景下的荒诞。

20世纪80年代初期，刚刚改革开放，诸多环节都有疏忽，最终导致这场闹剧发生。文物安全问题像是电影情节，但又很容易发生在我们身边。在博物馆等地观看文物的时候，也应该有意识地保护文物。很简单，就是不触摸，不用闪光灯拍摄。每次辛追遗体旁边都围了很多人，工作人员再怎么喊不要拍照，也总有"漏网之鱼"偷偷拍了几张。辛追要至少保存200年，没有人能活到200岁，但是我们都应该肩负起让150年后的人看到她的使命。

第十七章

1号义务讲解员

如果常去博物馆或者一些人文古迹景点，一定知道有个说法，就是这类地方要"三分看七分听"。所谓的"听"，就是听讲解，听背后的故事。我不是一个很爱听讲解的人，如果我想去看一个博物馆或者古迹，肯定是已经知道它有什么特色，查好了全部资料。所以我很喜欢自行沉浸在游览中，去看、去体会。

　　当然这是我的个人意见，有很多人是喜欢听讲解的，并且很需要讲解。讲解可以给观众一个深入浅出且较为全面的理解，尤其有些地方你可能旅行途中只会去一次，还是一次了解透彻比较好。

　　侯良先生在2003年成了湖南省博物馆的1号义务讲解员，他去做义务讲解员的原因很简单，就是想要继续工作。他曾立愿要为人民服务60年，这是他最后一程。当时他已经76岁了，早在1985年就退居二线，1989年收到了离休证。但是他没有想过停下来，离休证发下来的时候，他手上还有110万字的《湖南省

志·文物志》初稿要继续编纂。经过了几年时间的调研和修改，它在 1995 年得以出版。

侯良先生的讲解员证件

1995 年的时候我已经出生了，但侯良先生还是没有停下来，我记得不仅跟他一起去过博物馆，还去过他在文化厅的办公室。2000 年前后，每隔几年，我就会收到一本他的新书，有公开出版的，也有给家人留存的。其实 2000 年以后，尤其是我 2003 年读了初中，住在他们家之后，他的视力开始大幅度退化，已经没有办法正常看书和写作。后续一些文稿，都是由他口述，我奶奶记录下来的。

他说他的挚友王㐨先生有过一句话："生是劳作，死是休息。"王㐨先生最后在生病的时候，坐都没办法坐稳，还把自己绑在床上工作，直到他去世。所以即使靠我奶奶代笔继续写作，侯良先生还觉得不够，他就去博物馆做了义务讲解员。每周一、三、五从上午开馆到下午闭馆，他自己说每天只讲解两次，每次两个小时。但我自己去听过一次他的讲解，按他的讲解节奏，一天至少应该可以讲到四次。

2003 年到 2009 年六年间，他风雨无阻一周去做三天义务讲解员。本来侯良先生家离湖南省博物馆也没有很远，大概是 5 站公交的距离，但因为他视力下降，其实出行也有一点问题。最严重的时候，一只眼睛只能看得到黑夜白天，另一只眼睛可见模糊的人影。尽管这样，他仍然坚持自己坐公交往返博物馆，就像所有的义务讲解员一样，不享有任何特权。在公交车站，他都需要问路人他要坐的公交车有没有来。博物馆也有人提议，派车接送他并不麻烦，但他拒绝了。他在展厅游走讲解的时候，靠的更多的是一种肌肉记忆，而不是用眼睛去看。

◆ 侯良先生接待外宾

有不少人听了他的解说，都特别感动，回家后还写信寄来。还有一些年轻的义务讲解员，视他为良师益友，我记得追悼会上来了几位，哭得特别伤心。我妈妈在博物馆工作时，遇到一个博物馆学研究生来实习，他说就是因为看了侯良先生讲马王堆发掘的纪录片，才决定报考这个专业。

在他分门别类归档好的众多文件袋里，有一个背后写了"马王堆讲解"，但是我在这个文件袋里没有找到相关的手稿，有点遗憾。不过他的讲稿，针对的是当时的陈列逻辑，博物馆翻修后，也不能完全适用了。

从我有记忆到现在，湖南省博物馆经过了两次大改造。第一次是在1999年，建了全新的陈列大楼。第二次是在2012年，在原来陈列大楼的基础上翻修，把之前留下的老馆完全拆除了。这次一直修到了2017年才开放，也就是现在大家看到的展馆。

在我看来，第一次修缮，是为了创造更好的参观环境，纯粹是硬件提升。在完成主楼这一较大工程后，部分展厅还在继续随着科技发展而升级。像有一个多媒体天文展厅，其中有一个电影、电视中常见的仿造古代天文观测器具，四周用投影点缀出星空。前面提过，还做过一个全景表演展厅，用塑像和光、声直观展示辛追的一生。还在巨大的棺椁之中做过灯光秀，把马王堆特色的纹饰投影在棺椁四周复原的墓坑壁上。还有一个辛追的复原像，放在真实的辛追展厅前面。

而第二次翻修，是为了改造出更现代的导览模式，格外注重营造沉浸式体验。前些年李安用120帧新技术拍了电影《比利·林恩的中场战事》和《双子杀手》，就是为了给观众在电影院里制造出一种全新的沉浸式体验，简而言之就是利用视觉制造出一种欺骗大脑的幻象，让人忘乎世界进入电影里面。最近几年很流行的VR电影，也秉承这样一种理念，从而在影像和空间上产生美学的新挑战。

一座现代的博物馆，也应该考虑观众进入这个空间，如何最大限度地沉浸在历史之中。我去过一些直接建在古墓上的博物馆，这就是一种现代化导览模式，观众走进古墓，就是走进历史。这种沉浸式体验，在一些古迹中更容易达成，因为古迹本身就是一个客观存在的空间，封存了历史。

博物馆从外观设计到内在陈列，都存在一种人为的逻辑。所谓"博物"，就是收藏很多不同的东西，第一要义就是把这些东西有秩序地展出，在这个基础上，再给观众更好的体验。而基础建设中，最重要的一环就是确定什么值得展览。马王堆从一开始就不是全盘托出式陈列，有些珍贵的文物没有办法拿出来"日晒雨淋"，有些太过残破的文物也没有必要拿出来见客。

还有一些比较特别的文物，曾经拿出来过，但是在新的陈列逻辑下，又收回去。像巨大的棺椁，原本两个都陈列在旧展馆里，在2000年之后就保留了一个。虽然椁室属于不同的人，但是它的制式、外观几乎是一致的，没有必要耗费那么多空间全部展出。还有就是辛追的内脏标本，考虑到观众的心理接受程度，尤其不少人是带着孩子来博物馆的，也收起来了。

我印象里现在展览跟之前相比，精减了不少东西。一股脑儿把全部东西拿出来，其实不是好的陈列思路，陈列是需要取舍的。现在的陈列很大程度上考虑到了沉浸式体验，尤其展厅有两处地方，试图复原辛追真实的生活场景，一处是她的客厅，一处是轪侯家的宴客厅。

客厅的部分用四面展柜围成，一面是主人位，前面摆着漆几，地上有跪坐的席子，背后有屏风，还有柄扇子，两侧有点薰香的香炉。正对主人的，是正在表演的歌舞乐伎俑，走近展柜，里面的灯才会悠悠亮起。其实这也是参考椁室中的"灵座"设计的，借"灵座"的复原，把观众带入历史之中。

试想2 000年前，辛追就是这样坐在家中，过着她安逸的生活。她并不是历史书上的名人，但是后人在编撰她的故事时，总爱添加很多厚重的包袱。她得是一个出色的妻子，一个伟大的母亲，或者如传说一样是皇帝的生母，这样似乎才不辜负死后所受到的丧葬待遇，以及千年不朽的奇迹。但为什么不能承认，她就是一个普通的贵妇人，每天过着无趣但是前呼后拥的日子呢？

她的丈夫和儿子，都过早地离开了她。她是否孤独？是否伤心？是否直面命运的嘲笑？在两千年后人们杜撰的故事中找不到一点踪迹，她作为一个女人的一生，被丈夫和儿子的人生掩盖，似乎辛追就是为他们而活的。可是，最后留下来的，是她不朽的身体。那些故事再绚烂夺目，也比不上她的客观存在。

轪侯家的宴客厅，更是大气富贵，满满地排列着食器和酒器。这里陈列的漆器，都是精挑细选的，每一件都光鲜如新。还有一个沉浸式设计，保留了之前的理念，就是在展厅内复原了墓坑。

走到三楼展厅的末尾，有一个巨大的坑，像是挖掘原址一样，往下看去，放着椁室。然后从三楼回到一楼，辛追遗体就在椁室旁边。

现代博物馆布展强调制造出一种化学反应，而非单一的物理组合。这背后不仅需要更为前沿的博物馆学知识，也需要注重媒介的变化，现代观众接受信息的方式，早就不是马王堆刚刚开始陈列时的 20 世纪 70 年代那样了。网络也能够给我们丰富的信息，在数字博物馆中看文物照片，比起隔着展柜玻璃观看，更能观察到细节。

那我们为什么仍需要亲临现场观看呢？

因为博物馆具有一种场域的魅力，在这个空间内，我们能够全身心地投入观看的旅程之中。博物馆本身的发展过程，就是从家庭到社会、从个人到公众的一种跨越。我们在这里不仅获取知识，还在构建一种智识生活。智识不同于知识，知识经过学习、汲取便可获得，智识则是一种思考能力，借陈列的文物我们思考世界、文明、人类社会的发展历程，拓展心灵的界限。

我们走进博物馆，走进古迹，其实也是走进历史。无论是自主、自觉地观看，还是依靠讲解，都是一种靠近历史的方式。正如这本书，对于你们来说，也是用来走进马王堆历史的一种方式。希望大家读到了这里——尾声的部分，会觉得更了解马王堆，那我也算是不辱使命。毕竟书中凝结的这些知识不是我的心血，而是侯良先生和无数发掘、整理、研究马王堆文物的前辈的心血。

想想，他活到 84 岁，那时我仅仅经历了其人生四分之一的时间，这怎么够呢？我等了10年的时间，才有勇气写这本书。他在生命的最后几年，选择摘去所有的头衔，成了一个义务讲解员，我觉得这也是他最后走近马王堆的一种方式。而我写这本书，也不只是为了离马王堆更近一点，更是想离他更近一点。

他在生命最后几个月，住进疗养院，起初还能自由行动。有次我去探望他，他忽然跟我说，人这一辈子，学好一门本事，做一个好人，就够了。我不知道写作这门本事，我算不算学好了，也不知道好人是哪个意义层面的好人，但我始终记得这句话，朝这句话的方向努力。

后记　告别马王堆

　　在 2021 年 8 月完成初稿后，我没有觉得自己变得很轻松，也没想到后续的工作延续到了 2022 年 3 月。精益求精的过程简直是一个无底洞，还有很多部分可以继续挖掘下去，但要让稿件成为一个出版物，必须找到一个句点，暂且停笔。我没有"青出于蓝"的信心，只希望"无过"。

　　除了不断搜寻新知，加强书中内容的准确性，也想展示出更多推论和可能性。有些说法与主流看法完全背道而驰，但是小众的异见也应当得到尊重，被视作一种可能性。

　　10 月回家一趟，我又在家里搜刮出几本书。在《三湘文物博览》扉页，爷爷写着："赠小孙子，知识就是力量，知识可以改变命运。"落款是 2008 年 1 月，没想到隔了 15 年我才看到，这是很简单但很有能量的一句话。

做考古、历史研究，本就是站在前人的肩膀上远望，这本书更是如此。古希腊哲学家泰勒斯被称为哲学之父，因为他第一个提出"什么是万物之源"这个问题，在他之前没有人想过。在他之后的人，相信什么是万物之源，就去研究什么，例如数学、化学、哲学、物理等。到了今天，"万物之源"已经没有那么玄乎。我想换一种说法，就是你相信什么，你看待这个世界的方式就是什么。我相信文学，我觉得这个世界充满了命运的伏笔和情感的修辞，所以这本书应运而生出。

完成初稿后，第一个读者是我的奶奶。我的爷爷已经离去了10年，他自然无法批阅我这份考卷，而奶奶是他50多年最亲密的战友，爷爷身患眼疾后，不少文字工作经口述后由奶奶完成。而且讲句实话，要说这本书是献给死去的亲人的，是很虚伪的。死去的人是看不见的，在天之灵只是一种主观上的自我慰藉，书当然是写给活着的人看的。她对这本书的肯定，对我来说最为重要，也让我着实松了口气，虽然我走得很慢，但这几年还算有点进步。

我爷爷是填房的长子，其父前面一位妻子有三个儿子两个女儿，他还有三个妹妹，九个兄弟姐妹组成一个庞大的家庭。去世前一年8月，他在病中还惦记着，去世后需要留几千块给治病的妹妹，嘱咐我写下来。爷爷这位妹妹是九个兄弟姐妹中最后离世的一位。我在9年前见过她一次，当时她已经患阿尔茨海默病多年。明明是血缘如此亲近的人，终其一生却只见过一面，她也是他兄弟姐妹之中我唯一见过的一位。而她的离世，象征着我爷爷那一辈人的湮灭，他们全都走进了尘封的历史之中。

我在写初稿的时候，还没满30岁，修改完后已经做了半年"三十而立"的人。其实年龄数字的变化，也不代表心理或身体忽然就跟着有了变化，而是这个数字在逼迫你一定要做出一些反应。我是一个学电影史的人，似乎一直沉浸在昨日的世界里。我反复看着马王堆文物的照片，翻阅着爷爷的书、稿，忽然觉得在浩瀚的历史里，一切都是那么仓促，我们人类又是多么迫切地渴求知识，希冀在短暂中触及永恒和诗意。

一开始想极为简单直接地把书名定为《我的爷爷和马王堆》，后来又考虑取名《马王堆里有没有神仙》，这来源于罗大佑写的歌《童年》，"没有人能告诉我，山里有没有住着神仙？"考虑这个名字，也有合情合理的原因。一是由于马王堆墓葬本身的礼制意义，如巫鸿教授所说，它处于一个过渡时期，升仙思想开始在墓葬文化中成形，有没有神仙是一个争议点，解答了这个问题，才能探析整个墓葬系统的意义。二是由于这首歌开头的歌词，"池塘边的榕树下，知了在声声叫着夏天"，我的童年有一部分就是在爷爷家的蝉鸣声中度过的，他也在蝉鸣的夏末离世，我跟他这辈子相处的大部分时光都在蝉鸣声中，喧嚣、炎热却短暂。

在修改稿件的过程中，有好多琐碎的想法不断蹦入我的脑子里，有的被遗忘了，有的发展成了新的篇幅。2021年有部电影叫《发掘》，根据真实事件改编，讲述了"二战"期间，贵族寡妇请一位业余考古学家在自家领土发掘的故事。他们一同挖掘出一艘盎格鲁–撒克逊时期的船棺——萨顿胡船墓，这是英国历史上最重要的考古发现之一。在挖掘工作中，男主角对女主角说："它们会说话对吧？过去。"的确，"过去"是会说话的。

昨日的世界，是一个值得托付的幻象。我开始走向眼前的世界时，世界让我觉得渺小，而当我回看历史时，历史让我觉得无涯。墓葬其实是一个有限的空间，但疆界是由人的思想来划定的。古人给墓葬赋予了一种想象，希望死者借这个空间通向时间的永恒，肉身永埋而灵魂永存，时与空的界限在其中被打破。

李敖先生曾经在微博里写过一个故事：杂志《纽约客》的创始人罗斯去世后，他的前妻回忆最后一次在马路上偶然遇见他，但没有叫住他，因为她当时没有想到这就是生离死别。李敖先生感叹，这样多好！人没必要见最后一面，不期而别是最好的结局。

我的爷爷2009年2月第一次做手术，2011年4月再度入院，最终8月底离世。这是一个不算漫长的过程，也是一次"有期而别"。我们惊叹于他的坚强，他在两次大手术中挺了过来。从他病情恶化开始，我们也做好了他要离开的准备，并小心翼翼地朝那一天走去。

可是我忽然想到，对于他陪伴了近40年的马王堆文物、敬爱他的年轻志愿者、喜欢他的观众来说，他可能没有好好地跟他们告别。

所以我也想借这本书，替他郑重地说一声：再见了，再见。

附录 1 侯良生平

1927 年 4 月 13 日，出生于河南省林县河涧乡辛村，原名侯寅秋。

1935 年至 1940 年夏，在辛庄及小傅街读私塾。

1940 年 7 月至 12 月，随二姐经山西陵川等地，穿过日军封锁线渡黄河到洛阳。

1942 年，随二姐逃难到陕西临潼。

1947 年 1 月，考入河南省立开封师范学校（已并入河南大学）。

1949 年 5 月 25 日，进入中国人民解放军十二军军政大学，后被调入十二军文工二团文艺队，9 月被调入政治部新闻队学习。

1949 年 10 月下旬，进军大西南，被派至 34 师 101 团实习，后被调至重庆《人民英雄》报社担任通联工作。

1950 年 1 月，从新闻队毕业分配到 35 师政治宣传教科担任见习记者，10 月成为记者。

1951 年 3 月，渡过鸭绿江。

1954 年 4 月，部队奉命归国。

1956 年 8 月 3 日，与我的奶奶在浙江海宁驻地结婚。

1956 年 11 月，因我的奶奶工作分配到长沙，申请转业到长沙，任湖南省文化局党总支办公室秘书兼宣传委员。

1958 年 9 月至 1961 年 8 月，先任湖南艺术学院党支部书记，后任人事科副科长。

1961 年 9 月至 1969 年 1 月，任湖南省戏剧艺术学院党支部书记。

1969 年 11 月，调入湖南省博物馆。

1970 年，任湖南省博物馆革委会副主任。

1972 年 1 月至 1974 年 2 月，参与发掘马王堆三座汉墓。

1977 年 11 月，调离博物馆，任湖南省艺术学校党总支副书记兼副校长。

1980 年 1 月，任湖南省文化局文物处第一副处长。

1980 年 12 月，任湖南省文化局文物处处长。

1981 年 11 月，受国家文物局委托在板仓开办文物干部培训班，担任班主任，一共举办 13 期，培养全国各地文博干部近 800 人。

1982 年 3 月，被选为湖南省考古学会常务理事，次年加入中国考古学会。

1982 年 6 月，被选为湖南省博物馆学会副理事长，两年后改任代理理事长。

1983 年，主编《湖南省志·文物志》。

1985 年，出席文化部召开全国文物博物馆系统先进代表大会，被授予先进工作者称号。

1985 年 12 月，改任湖南省文化厅文物处调研员。

1986 年 8 月，被选为中国博物馆学会理事。

1987 年，被授予副研究员职称。

1989 年 9 月，离休，继续主编《湖南省志·文物志》。

1990 年 5 月，出版《神奇的马王堆汉墓》。

1994 年，出版《马王堆传奇》。

1995 年，主编的《湖南省志·文物志》出版。

2002 年，出版《尘封的文明——神秘的马王堆汉墓》。

2003 年，成为湖南省博物馆 1 号义务讲解员。

2008 年，出版《西汉文明之光》。

2011 年 8 月底，因病去世，享年 84 岁。

附录 2　参考文献

专著

[1]　司马迁 . 史记 [M]. 北京：中华书局，1982.

[2]　班固，颜师古 . 汉书（全十二册）[M]. 北京：中华书局，1962.

[3]　侯良 . 神奇的马王堆汉墓 [M]. 广州：中山大学出版社，1990.

[4]　侯良 . 尘封的文明：神秘的马王堆汉墓 [M]. 长沙：湖南人民出版社，2002.

[5]　侯良 . 西汉文明之光：长沙马王堆汉墓 [M]. 长沙：湖南人民出版社，2008.

[6]　巫鸿，郑岩，王睿 . 礼仪中的美术：巫鸿中国古代美术史文编 [M]. 郑岩
　　　等，译 . 北京：生活·读书·新知三联书店，2016.

[7]　巫鸿 . 黄泉下的美术：宏观中国古代墓葬 [M]. 施杰，译 . 北京：生活·读
　　　书·新知三联书店，2016.

[8]　何旭红 . 汉代长沙国考古发现与研究 [M]. 长沙：岳麓书社，2013.

[9]　阿诺德 . 历史之源 [M]. 李里峰，译 . 南京：译林出版社，2013.

[10]　巴恩 . 考古学的过去与未来 [M]. 覃方明，译 . 南京：译林出版社，2013.

[11]　夏鼐 . 夏鼐日记 [M]. 上海：华东师范大学出版社，2009.

[12]　中国科学院考古研究所 . 长沙发掘报告 [M]. 北京：科学出版社，1957.

[13]　湖南省博物馆，中国科学院考古研究所 . 长沙马王堆一号汉墓（上、下集）
　　　[M]. 北京：文物出版社，1973.

[14] 湖南省博物馆,湖南省文物考古研究所.长沙马王堆二、三号汉墓.第一卷:田野考古发掘报告[M].北京:文物出版社,2004.

[15] 湖南省博物馆.长沙马王堆汉墓陈列[M].北京:中华书局,2017.

[16] 姜生.汉帝国的遗产:汉鬼考[M].北京:科学出版社,2016.

[17] 黄晓芬.汉墓的考古学研究[M].长沙:岳麓书社,2003.

[18] 巫鸿.全球景观中的中国古代艺术[M].北京:生活·读书·新知三联书店,2017.

[19] 李开元.汉帝国的建立与刘邦集团:军功受益阶层研究[M].北京:生活·读书·新知三联书店,2000.

[20] 杨树达.汉代婚丧礼俗考[M].上海:上海古籍出版社,2009.

[21] 朱青生.中国汉画研究.第1卷[M].桂林:广西师范大学出版社,2004.

[22] 朱青生.中国汉画研究.第2卷[M].桂林:广西师范大学出版社,2006.

[23] 朱青生.中国汉画研究.第4卷[M].桂林:广西师范大学出版社,2011.

[24] 刘瑞,刘涛.西汉诸侯王陵墓制度研究[M].北京:中国社会科学出版社,2010.

[25] 李德庚.流动的博物馆[M].北京:文化艺术出版社,2019.

[26] 梁思成.中国建筑史[M].北京:生活·读书·新知三联书店,2011.

[27] 梁思成.图像中国建筑史[M].北京:生活·读书·新知三联书店,2011.

[28] 亚历山大(Alexander, E.P.),亚历山大(Alexander, M.),陈建明.博物馆变迁:博物馆历史与功能读本[M].陈双双,译.南京:译林出版社,2014.

[29] 康恩.博物馆与美国的智识生活,1876~1926[M].王宇田,译.上海:上海三联书店,2012.

[30] 万志英.左道:中国宗教文化中的神与魔[M].廖涵缤,译.北京:社会科学文献出版社,2018.

期刊论文

[1] 黎石生.关于《长沙国研究》中的几个小问题——与罗庆康先生商榷[J].船山学刊,2001(2):38-40.

[2] 董远成."印"证历史——西汉长沙国贵族世家概述[J].文物鉴定与鉴赏,2017(1):28-34.

[3] 马雍.轪侯和长沙国丞相——谈长沙马王堆一号汉墓主人身分和墓葬年代

的有关问题[J]. 文物，1972（9）：14-21，47.

[4] 龚鹏九. 关于吴芮长沙国史实考察[J]. 广西民族研究，1996（12）：44-48.

[5] 黎石生. 汉代长沙国史料探析三则[J]. 湖南省博物馆馆刊，2015（0）：330-334.

[6] 徐鹏. 吕氏集团对汉初岭南政策的两次调整[J]. 中央民族大学学报（哲学社会科学版），2015（A1）：88-94.

[7] 罗庆康. 论长沙的历史地位[J]. 湖南城市学院学报，2005（1）：55-59.

[8] 罗庆康. 吴芮受封原因初探[J]. 湖南师范大学教育科学学报，1994（4）：51-55.

[9] 刘正纲. 赵佗的死亡时间及其寿命新探[J]. 岭南文史，2013（4）：20-23.

[10] 郑威. 战国至汉初的鄱君与鄱县、鄱阳县[J]. 中国历史地理论丛，2012（4）：70-76，144.

[11] 王煜. 汉代太一信仰的图像考古[J]. 中国社会科学，2014（3）：181-203.

[12] 饶宗颐. 马王堆《刑德》乙本九宫图诸神释——兼论出土文献中的颛顼与摄提[J]. 江汉考古，1993（1）：84-87.

[13] 姜生. 马王堆帛画与汉初"道者"的信仰[J]. 中国社会科学，2014（12）：176-199.

[14] 姜生. 马王堆一号汉墓四重棺与死后仙化程序考[J]. 文史哲，2016（3）：139-150，167-168.

[15] 高崇文. 非衣乎？铭旌乎？——论马王堆汉墓T形帛画的名称、功用与寓意[J]. 中原文化研究，2019，7（3）：65-71.

[16] 游振群. 马王堆汉墓帛画研究综述[J]. 湖南省博物馆馆刊，2010（0）：57-70.

[17] 傅举有. 关于长沙马王堆三号汉墓的墓主问题[J]. 考古，1983（2）：165-172.

[18] 袁胜文. 棺椁制度的产生和演变述论[J]. 南开学报（哲学社会科学版），2014（3）：94-101.

[19] 魏宜辉，张传官，萧毅. 马王堆一号汉墓所谓"妾辛追"印辨正[J]. 文史，2019（4）：261-266.

[20] 黎石生. 长沙马王堆三号墓主再议[J]. 故宫博物院院刊，2005（3）：150-155.

[21] 傅举有. 长沙国述略 [J]. 求索, 1984（3）: 106-114.

[22] 中国科学院考古研究所, 湖南省博物馆写作小组. 马王堆汉墓的葬制与西汉初期复辟反复辟的斗争 [J]. 考古, 1974（4）: 209.

[23] 何旭红. 长沙汉"临湘故城"及其"宫署"位置考析 [J]. 南方文物, 1998（1）: 96-100.

[24] 范俊芳, 文友华. 历史人文故居修复的规划探讨: 以贾谊故居为例 [J]. 中外建筑, 2009（10）: 100.

[25] 连劭名. 马王堆帛画《太一避兵图》与南方楚墓中的镇墓神 [J]. 南方文物, 1997（2）: 109-110.

[26] 周世荣. 马王堆汉墓的"神祇图"帛画 [J]. 考古, 1990（10）: 925-926.

[27] 商志䂭. 从马王堆汉墓看西汉初年儒法两条路线的斗争 [J]. 考古, 1976（2）: 78-84.

[28] 陈松长. 马王堆汉墓帛画"神祇图"辨正 [J]. 江汉考古, 1993（1）: 88-92.

[29] 澜思. 道家与西汉儒法斗争 [J]. 历史研究, 1975（3）: 86-95.

[30] 喻博文. 西汉初期黄老派和儒法派的斗争 [J]. 史学月刊, 1965（6）: 31-36.

[31] 陈松长. 马王堆三号墓主的再认识 [J]. 文物, 2003（8）: 56-59, 66.

[32] 高至喜. 马王堆三号汉墓的墓主到底是谁? [J]. 中华文化论坛, 2000（3）: 124-129.

[33] 顾铁符, 唐兰, 俞伟超, 等. 关于帛画 [J]. 文物, 1972（9）: 56-62.

[34] 俞伟超. 关于用鼎制度问题 [J]. 文物, 1972（9）: 72-73.

[35] 于省吾. 关于长沙马王堆一号汉墓内棺棺饰的解说 [J]. 考古, 1973（2）: 126-127.

[36] 马雍. 论长沙马王堆一号汉墓出土帛画的名称和作用 [J]. 考古, 1973（2）: 118-125.

[37] 韦正, 谢安琪. 马王堆一号汉墓帛画三题 [J]. 故宫博物院院刊, 2021, 236（12）: 4-15, 134.

[38] 孙作云. 马王堆一号汉墓漆棺画考释 [J]. 考古, 1973（4）: 247-254, 268-269.

[39] 金维诺. 谈长沙马王堆三号汉墓帛画 [J]. 文物, 1974（11）: 40-45.

[40] 湖南省博物馆, 中国科学院考古研究所. 长沙马王堆二、三号汉墓发掘简报 [J]. 文物, 1974（7）: 39-49.

[41] 洪楼.长沙马王堆三号汉墓出土帛书简介[J].历史研究,1974(1):80-83.

[42] 陈直.长沙马王堆一号汉墓的若干问题考述[J].文物,1972(1):30-35.

[43] 孙作云.长沙马王堆一号汉墓出土画幡考释[J].考古,1973(1):54-61,70-71.

[44] 朱弘复,王林瑶.长沙马王堆一号汉墓中出土的昆虫尸体[J].考古,1973(1):62-64.

[45] 安志敏.长沙新发现的西汉帛画试探[J].考古,1973(1):43-53.

[46] 王树金.马王堆汉墓丧制与敛服考[J].江汉考古,2014(1):87-93.

[47] 陈松长.马王堆帛书《刑德》甲、乙本的比较研究[J].文物,2000(3):75-84.

[48] 黄展岳.汉代人的饮食生活[J].农业考古,1982(1):71-80.

[49] 周世荣.有关马王堆古地图的一些资料和几方汉印[J].文物,1976(1):28-33.

[50] 王伯敏.马王堆一号汉墓帛画并无"嫦娥奔月"[J].考古,1979(3):273-275.

[51] 郑署斌.马王堆汉轪侯墓地祔葬墓身份的考古学观察[J].南方文物,2021(4):119-126.

[52] 刘敦愿.马王堆西汉帛画中的若干神话问题[J].文史哲,1978(4):64-73.

[53] 史为.长沙马王堆一号汉墓的棺椁制度[J].考古,1972(6):48-53.

[54] 刑义田.论马王堆汉墓"驻军图"应正名为"箭道封域图"[J].湖南大学学报(社会科学版),2007(5):12-19.

[55] 李零.马王堆汉墓"神祇图"应属辟兵图[J].考古,1991(10):940-942.

[56] 范志军,贾雪岚.马王堆汉墓《丧服图》再认识[J].中原文物,2006(3):68-72.

[57] 张政烺.《春秋事语》解题[J].文物,1977(1):36-40.

[58] 陈松长.马王堆帛书"空白页"及相关问题[J].文物,2008(5):75-30.

[59] 曹学群.马王堆汉墓《丧服图》简论[J].湖南考古辑刊,1994(0):225,226-229.

[60] 刘丽仙.长沙马王堆三号汉墓出土药物鉴定研究[J].考古,1989(9):856-861.

[61] 傅举有.汉代列侯的家吏——兼谈马王堆三号墓墓主[J].考古,1999(1):86-89,96.

[62] 高明. 长沙马王堆一号汉墓"冠人"俑[J]. 考古, 1973（4）: 255-257.

[63] 陈松长. 马王堆三号汉墓纪年木牍性质的再认识[J]. 文物, 1997（1）: 61, 62-64.

[64] 郑曙斌. 论马王堆汉墓遗册记载的祭器[J]. 湖南省博物馆馆刊, 2016（0）: 305-311.

[65] 聂菲. 特殊空间: 马王堆一号汉墓北边厢空间的营造与利用[J]. 湖南省博物馆馆刊, 2015（0）: 36-60.

[66] 郑曙斌. 试析马王堆汉墓生器变葬器的转换形式[J]. 湖南省博物馆馆刊, 2015（0）: 26-35.

[67] 王树金. 马王堆汉墓帛书《木人占》探述[J]. 出土文献研究, 2013（0）: 223-233.

[68] 杨慧婷. 马王堆汉墓漆器所见狸猫纹初探[J]. 湖南省博物馆馆刊, 2016（0）: 17-18, 312-331.

[69] 于兵. 马王堆汉墓帛画《丧服图》用途新探[J]. 湖南省博物馆馆刊, 2012（0）: 40-47.

[70] 曹胜高. 阴阳刑德与秦汉秩序认知的形成[J]. 古代文明, 2017, 11（2）: 75-83.

[71] 张履鹏, 邹兰新. 西汉文景时期的粮食生产水平刍议[J]. 古今农业, 2015（2）: 22-30.

[72] 黄冕堂. 中国历代粮食价格问题通考[J]. 文史哲, 2002（2）: 33-48.

学位论文

[1] 刘广红. 汉代长沙国学术述论[D]. 兰州: 兰州大学, 2008.

[2] 董平均. 西汉分封制度研究[D]. 北京: 首都师范大学, 2002.

[3] 王雪. 马王堆一号墓漆棺神怪图像研究[D]. 武汉: 湖北美术学院, 2019.

[4] 孙丽. 马王堆朱地彩绘棺图式研究[D]. 长沙: 湖南师范大学, 2016.

[5] 陈学嫔. 生命延续与变形神话——以西汉马王堆旌幡为例[D]. 福州: 福建师范大学, 2017.

[6] 宋娟. 汉代东海郡经济初探[D]. 徐州: 江苏师范大学, 2019.

[7] 温乐平. 秦汉物价研究[D]. 南昌: 江西师范大学, 2002.

[8] 温乐平. 秦汉社会消费问题研究[D]. 武汉: 华中师范大学, 2005.

其他

[1]   侯良.博物馆学纲要[Z].长沙：湖南省文物事业管理局，2000.

[2]   侯良.斜阳余晖曲[Z].邵阳：邵阳市政协文史组，2004.

[3]   陈锽.楚汉覆棺帛画性质辨析[M]//朱青生.中国汉画学会第九届年会论文集（上）.北京：中国社会出版社，2004：424-448.

图书策划　中信出版·24小时工作室

总策划　曹萌瑶

策划编辑　蒲晓天 钟诗娴

责任编辑　谢若冰

特约编辑　袁建平 张之航

营销编辑　熊思琪

装帧设计　侯明洁 宋涛

出版发行　中信出版集团股份有限公司

服务热线：400-600-8099 网上订购：zxcbs.tmall.com
官方微博：weibo.com/citicpub 官方微信：中信出版集团
官方网站：www.press.citic

图书在版编目（CIP）数据

马王堆考古手记 / 侯良，侯弋著. -- 北京：中信
出版社，2024.4
　　ISBN 978-7-5217-5117-8

　　Ⅰ . ①马… 　Ⅱ . ①侯… ②侯… 　Ⅲ . ①马王堆汉墓－
考古发现－普及读物 　Ⅳ . ①K878.8-49

　　中国版本图书馆CIP数据核字（2022）第 250965 号

马王堆考古手记

著者：　　　侯良　侯弋
出版发行：中信出版集团股份有限公司
　　　　　（北京市朝阳区东三环北路 27 号嘉铭中心　邮编　100020）
承印者：　　北京启航东方印刷有限公司

开本：787mm×1092mm　1/16　　印张：21.75　字数：224 千字
版次：2024 年 4 月第 1 版　　　　印次：2024 年 4 月第 1 次印刷
书号：ISBN 978–7–5217–5117–8
定价：99.00 元

侯良 侯弋 著

马王堆
考古手记

中信出版集团 | 北京